经济管理实验实训系列教材

ERP Physical
and Electronic Sand
Table Training Course

ERP实物与
电子沙盘实训教程

主　编　曾廷敏　陈高华

副主编　吴　继　林祥友　冯茜颖

西南财经大学出版社
Southwestern University of Finance & Economics Press

图书在版编目(CIP)数据

ERP 实物与电子沙盘实训教程/曾廷敏,陈高华主编.—成都:
西南财经大学出版社,2012.5
ISBN 978 - 7 - 5504 - 0605 - 6

Ⅰ.①E… Ⅱ.①曾…②陈… Ⅲ.①企业管理—计算机管理
系统—高等学校—教材 Ⅳ.①F270.7

中国版本图书馆 CIP 数据核字(2012)第 061272 号

ERP 实物与电子沙盘实训教程

主 编:曾廷敏 陈高华
副主编:吴 继 林祥友 冯茜颖

责任编辑:张明星
助理编辑:文康林
封面设计:杨红鹰
责任印制:封俊川

出版发行	西南财经大学出版社(四川省成都市光华村街55号)
网 址	http://www.bookcj.com
电子邮件	bookcj@foxmail.com
邮政编码	610074
电 话	028 - 87353785 87352368
照 排	四川胜翔数码印务设计有限公司
印 刷	四川森林印务有限责任公司
成品尺寸	185mm×260mm
印 张	12.5
彩 插	32 页
字 数	255 千字
版 次	2012 年 5 月第 1 版
印 次	2012 年 5 月第 1 次印刷
印 数	1— 2000 册
书 号	ISBN 978 - 7 - 5504 - 0605 - 6
定 价	28.00 元

前　言

近年来，在高等院校经济与管理类的专业教学中，出现了一种体验式、互动式、游戏式的寓教于乐的新型教学模式，这就是ERP沙盘模拟教学模式。随着ERP沙盘模拟的运用与推广，教师与学生都对这种教学模式产生了浓厚的兴趣。教师能充分运用教学资源，形象逼真地把一家公司的各种资源展现在学生面前，让一组学生反复进行预测、决策、运营管理、信息反馈和业绩评价。学生则在激烈的团体对抗中，收获业绩，体验知识，提高能力。我校从2006年开设ERP沙盘模拟课程已时过五年，先后带领学生参加了四届全国用友杯ERP沙盘模拟大赛四川选拔赛，取得了较好的成绩。我们通过几年的教学，积累了一定的经验，获得了较多的第一手资料，为编写该教材提供了大量的素材。

本教材具有以下特点：

（1）内容新颖。本教材是在借鉴国内高等院校不少同行优秀成果的基础上，结合近年来ERP沙盘模拟发展和竞赛的实际情况编写的。

（2）系统性强。在教材章节内容的安排上，遵循沙盘教学内容的科学性，从沙盘模拟的基础理论入手，然后介绍基本方法，在此基础上学习实战对抗的知识和本领，并引领决策技能的提高。

（3）实战性强。本教材在全面介绍ERP沙盘模拟知识的基础上，主要通过ERP沙盘的实例来阐述ERP沙盘的操作技能，体现了寓教于乐、实用创新的特点，为初次接触ERP沙盘的学员尽快掌握操作技能提供了方法与平台。

（4）电子沙盘与手工沙盘的结合。本教材将电子沙盘与手工沙盘的内容有机结合，完美统一。

本书由曾廷敏、陈高华担任主编，吴继、林祥友、冯茜颖担任副主编。全书共十一章，具体分工如下：第一章和附录由曾廷敏编写，第八章由陈高华编写，第三、六、九章由吴继编写，第二、七、十、十一章由林祥友编写，第五章由冯茜颖编写，第四章由刘永亮编写。

本书经历了实习、修改、再实习、再修改的过程。在编写过程中，得到了成都理工大学教务处、商学院领导淳伟德教授、花海燕教授等和各系老师的大力支持，在此表示衷心的感谢。

本书难免有疏漏和不足之处，恳请各位读者批评指正。

编者

2011年12月于成都

目 录

第一篇 原理篇

第一章 企业资源计划 ·· (3)

第一节 企业资源计划概述 ·· (3)

第二节 ERP 的发展过程 ··· (3)

第三节 ERP 的内容及思想 ·· (5)

第二章 ERP 沙盘模拟简介 ·· (9)

第一节 ERP 沙盘模拟训练 ·· (9)

第二节 ERP 沙盘模拟功能 ·· (9)

第三节 ERP 沙盘模拟组成 ·· (11)

第三章 ERP 沙盘模拟理论基础 ···································· (14)

第一节 企业战略管理 ·· (14)

第二节 企业市场营销 ·· (21)

第三节 企业生产管理 ·· (27)

第四节 企业财务管理 ·· (31)

第二篇 运行篇

第四章 初始状态设定 ·· (39)

第一节 企业概述 ·· (39)

第二节 初始状态设定 ·· (41)

第五章 模拟竞争规则 ·· (46)

第一节 市场规则 ·· (46)

第二节 运营规则 ·· (53)

第三节 筹资规则 ·· (60)

第四节 其他规则 ·· (63)

第六章　竞争模拟实战 ·· (68)

　　第一节　教学年操作概述 ··· (68)

　　第二节　教学年操作流程 ··· (70)

　　第三节　编制教学年报表 ··· (78)

第七章　运行过程监控 ·· (80)

　　第一节　购产销过程的监控 ······································· (80)

　　第二节　筹资和投资的监控 ······································· (82)

　　第三节　开发和拓展的监控 ······································· (84)

　　第四节　费用和税金的监控 ······································· (85)

第八章　运行结果评价 ·· (86)

　　第一节　产品市场评价 ··· (86)

　　第二节　财务状况评价 ··· (90)

　　第三节　企业综合评价 ··· (96)

第九章　ERP 电子沙盘的运行 ······································ (100)

　　第一节　电子沙盘介绍 ·· (100)

　　第二节　教师服务器端操作说明 ·································· (100)

　　第三节　学生站点端操作说明 ···································· (110)

　　第四节　手工沙盘与电子沙盘的结合 ······························ (126)

第三篇　提高篇

第十章　特殊业务处理 ··· (131)

　　第一节　相互交易产品的特殊处理 ································· (131)

　　第二节　接受违约罚款的特殊处理 ································· (133)

　　第三节　相互融资投资的特殊处理 ································· (133)

第十一章　实战策略选择 ··· (135)

　　第一节　重要实战理念 ·· (135)

　　第二节　关键战略选择 ·· (137)

运行图表附录 ·· (140)

参考文献 ·· (225)

第一篇　原理篇

第一章 企业资源计划

第一节 企业资源计划概述

企业资源计划（Enterprise Resource Planning，ERP）最早是由美国高德纳咨询公司（Garter Group Inc.）提出的，是当今国际上先进的企业管理模式。其主要宗旨是对企业所拥有的人、财、物、信息、时间和空间等综合资源进行综合平衡和优化管理，面向全球市场，协调企业各管理部门，围绕市场导向开展业务活动，使企业在激烈的市场竞争中全方位地发挥足够的能力，从而取得最好的经济效益。

我们可以从管理思想、软件产品、管理系统三个层次来认识企业资源计划：第一，企业资源计划是由美国著名的计算机技术咨询和评估集团高德纳咨询公司提出的一整套企业管理系统体系标准，其实质是在 MRP Ⅱ（制造资源计划，Manufacturing Resources Planning）基础上进一步发展而成的面向供应链（Supply Chain）的管理思想；第二，企业资源计划是综合应用客户机/服务器体系、关系数据库结构、面向对象技术、图形用户界面、第四代语言（4GL）、网络通信等信息产业成果，以 ERP 管理思想为灵魂的软件产品；第三，企业资源计划是整合了企业管理理念、业务流程、基础数据、人力物力，集计算机硬件和软件于一体的企业资源管理系统。企业资源计划是从物料资源计划发展而来的新一代集成化管理信息系统，它扩展了 MRP（物料需求计划，Material Requirement Planning）的功能，其核心思想是供应链管理；它跳出了传统企业边界，从供应链范围去优化企业的资源，是基于网络经济时代的新一代信息系统。它对于改善企业业务流程、提高企业核心竞争力的作用是显而易见的。

第二节 ERP 的发展过程

企业资源计划（ERP）的形成大致经历了五个阶段：库存控制阶段、物料需求计划阶段、闭环物料需求计划阶段、制造资源计划阶段以及企业资源计划阶段。

一、库存控制阶段

20 世纪 40 年代，西方经济学家通过对库存物料随时间推移而被使用和消耗的规律的研究，提出了订货点的方法和理论，并将其运用于企业库存计划管理中。订货点方法的理论基础比较简单，即库存物料随着时间的推移被使用和消耗，库存数量逐渐减少，当某一时刻的库存数量可供生产使用消耗的时间等于采购此种物料所需用的时间（提前期）时，就需要进行订货，以补充库存。一般情况下，订货点的库存量已考虑了安全库存量，即在安全库存量的基础上增加一定数量的库存。这个库存量作为物料订货期间的供应量，应该满足这样的条件，即当物料的供应到货时，物料的消耗刚好到了安全库存量。这种控制模型必须决定两个参数：订货点与订货批量。

库存控制模型的使用必须具备四个条件：物料的消耗相对稳定；物料的供应比较稳定；物料的需求是独立的；物料的价格不是太高。随着市场的变化和产品复杂性的增加，订货点不能按照各种物料真正需要的时间来订货，无法预测未来需求等局限日益突出，对需求的判断常常发生失误，进而造成库存积压、物料短缺、库存不平衡等后果。

二、物料需求计划阶段

20 世纪 60 年代，IBM 公司（国际商业机器公司）的约瑟夫·奥利佛博士提出了对物料的需求分为独立需求和相关需求的概念，即市场对产品台、件的需求为独立需求，而依赖于产品台、件的零部件与原材料需求为相关需求。在此基础上，人们形成了"在需要的时候提供需要的数量"的重要认识，将一个产品按其结构分拆成零部件，形成物料清单（BOM），根据交货期、交货量及物料清单中各零部件的工艺路线、工时定额与采购周期，确定每个零部件及相应原材料的加工或采购提前期，这样排出的生产计划按实际的生产能力调整后，就是物料需求计划。

MRP 是一个时段式系统，它与订货点的主要区别在于：第一，对库存状态引入了时间分段的概念，即给库存状态数据加上时间坐标，并按具体的日期和计划时区记录和存储库存状态数量；第二，将库存项目分为独立需求项和非独立需求项，并分别加以处理。

三、闭环物料需求计划阶段

20 实际 80 年代，随着市场的发展及 MRP 的应用与实践，在 MRP 的基础上增加了能力计划和执行计划的功能，形成了闭环 MRP。闭环 MRP 认为，主生产计划与物料需求计划应该是可行的，即考虑能力的约束，或者对能力提出需求计划，在满足能力需求的前提下，才能保证物料需求计划的执行和实现。在此思想要求下，企业必须对投入与产出进行控制，也就是对企业的能力进行校验和执行控制。

四、制造资源计划阶段

20 世纪 80 年代，美国著名生产管理专家奥列弗·怀特提出了制造资源计划，即MRP Ⅱ。它是围绕企业的经营目标，以生产计划为主线，对企业制造的各种资源进行统一计划和控制的有效系统，也是企业实现物流、信息流和资金流并使之畅通的动态反馈系统。在 MRP Ⅱ 中，生产、财务、销售、技术、采购等各个子系统结合成一个一体化的系统。

MRPⅡ实现了物流与资金流的统一。MRPⅡ可以由生产活动直接生成财务数据，把实物形态的物流流动直接转换为价值形态的资金流动，保证生产和财务数据的一致性。财务人员及时得到资金信息以便控制成本；通过资金流动状况反映物流和经营生产情况，随时分析企业的经济效益，参与决策，指导和控制生产经营活动。

五、企业资源计划阶段

20世纪90年代，随着及时生产（JIT）、全面质量管理（TOC）、优化生产技术（OPT）、分销资源计划（DRP）、制造执行系统（MES）、敏捷制造系统（AMS）等现代管理思想的提出和发展，MRPⅡ发展到了一个新的阶段，即企业资源计划阶段。最初的ERP是基于企业内部供应链的管理，将企业内部生产经营的所有业务单元如订单、采购、库存、计划、生产、质量、运输、市场、销售、服务以及相应的财务活动等纳入一条供应链内进行管理。随着市场竞争的加剧，生产出的产品必须转化为利润，企业才能得以生存和发展，因而企业更加注重对资金的管理和动态利润的分析，即如何在供应链上更好地利用企业有限的资金实现利润最大化，如何使投资增值来维护股东利益。为此，ERP在对整个供应链的管理过程中加入了企业理财的观念，更加强调了对资金流和信息流的控制。后来，ERP还从对企业内部供应链的管理延伸和发展为面向全行业的广义产业链管理，管理的资源对象从企业内部扩展到外部。

第三节 ERP的内容及思想

ERP是将企业所有资源进行整合集成管理，简单地说就是将企业的三大流——物流、资金流、信息流进行全面一体化管理的管理信息系统。它的功能模块已不同于以往的MRP或MRPⅡ的模块，它不仅可用于生产企业的管理，而且在其他类型的企业如一些非生产，公益事业的企业也可导入ERP系统进行资源计划和管理。

一、ERP的核心内容

ERP系统的核心内容包括有：企业内部管理所需的业务应用系统，主要是指物流、财务、人力资源等核心模块；物流管理系统采用了制造业的MRP管理思想；财务管理系统（FMIS）有效地采用了预算管理、业务评估、管理会计、ABC成本归集方法等现代基本财务管理方法；人力资源管理系统在组织机构设计、岗位管理、薪酬体系以及人力资源开发等方面同样集成了先进的理念。

ERP系统是一个在全公司范围内应用的、高度集成的系统。该系统使数据在各业务系统之间高度共享，所有源数据只需在某一个系统中输入一次，保证了数据的一致性。ERP对公司内部业务流程和管理过程进行了优化，主要的业务流程实现了自动化。

厂房、生产线、加工设备、检测设备、运输工具等都是企业的硬件资源，人力、管理、信誉、融资能力、组织结构、员工的劳动热情等就是企业的软件资源。企业运行发展中，这些资源相互作用，形成企业进行生产活动、完成客户订单、创造社会财富、实现企业价值的基础，反映企业在竞争发展中的地位。

ERP 系统的管理对象便是上述各种资源及生产要素，通过 ERP 的使用，使企业的生产过程能及时、高质地完成客户的订单，最大限度地发挥这些资源的作用，并根据客户订单及生产状况做出调整资源的决策。

二、ERP 的具体内容

在企业中，一般的管理主要包括三方面的内容：生产控制（计划、制造）、物流管理（分销、采购、库存管理）和财务管理（会计核算、财务管理）。这三大系统本身就是集成体，它们互相之间有相应的接口，能够很好地整合在一起来对企业进行管理。

（一）财务管理模块

企业中，清晰分明的财务管理是极其重要的。所以，在 ERP 整个方案中它是不可或缺的一部分。ERP 中的财务模块与一般的财务软件不同，作为 ERP 系统中的一部分，它和系统的其他模块有相应的接口，能够相互集成，比如：它可将由生产活动、采购活动输入的信息自动计入财务模块生成总账、会计报表，取消了输入凭证繁琐的过程，几乎完全替代以往传统的手工操作。一般的 ERP 软件的财务部分分为会计核算与财务管理两大块。

（二）生产控制管理模块

这一部分是 ERP 系统的核心所在，它将企业的整个生产过程有机地结合在一起，使得企业能够有效地降低库存，提高效率。同时各个原本分散的生产流程的自动连接，也使得生产流程能够前后连贯的进行，而不会出现生产脱节，耽误生产交货时间。

生产控制管理是一个以计划为导向的先进的生产、管理方法。首先，企业确定它的一个总生产计划，再经过系统层层细分后，下达到各部门去执行。即生产部门以此生产，采购部门按此采购等。

1. 主生产计划

它根据生产计划、预测信息和客户订单的输入来安排将来各周期中提供的产品种类和数量。它是将生产计划转为产品计划，在平衡了物料和能力的需要后，精确到时间和数量的详细的进度计划；是企业在一段时期内的总活动的安排；是对生产计划、实际订单和历史销售分析得来的一个稳定的计划。

2. 物料需求计划

在主生产计划确定生产多少最终产品后，再根据物料清单，把整个企业要生产的产品的数量转变为所需生产的零部件的数量，并对照现有的库存量，可计算出还需加工多少，采购多少的最终数量。这才是整个部门真正依照的计划。

3. 能力需求计划

它是在得出初步的物料需求计划之后，将所有工作中心的总工作负荷与工作中心的能力平衡后，产生的详细工作计划；是用以确定生成的物料需求计划在企业生产能力上是否可行的需求计划。能力需求计划是一种短期的、当前实际应用的计划。

（三）物流管理模块

1. 库存控制

库存控制用来控制存储物料的数量，以保证稳定的物流支持正常的生产，但又最小限度的占用资本。它是一种相关的、动态的、真实的库存控制系统。它能够结合、满足相关部门的需求，随时间变化而动态地调整库存，精确地反映库存现状。这一系统的功能又涉及采购管理。

2. 采购管理

采购管理用以确定合理的定货量、优秀的供应商和保持最佳的安全储备。它能够随时提供定购、验收的信息，跟踪和催促对外购或委外加工的物料，保证货物及时到达。可以通过采购管理建立供应商的档案，用最新的成本信息来调整库存的成本。

三、ERP 的管理思想

ERP 是由美国高德纳咨询公司首先提出的，作为当今国际上一个最先进的企业管理模式，它在体现当今世界先进的企业管理理论的同时，也提供了企业信息化集成的最佳解决方案。它把企业的物流、资金流、信息流统一起来进行管理，以求最大限度地利用企业现有资源，实现企业经济效益的最大化。企业资源计划 ERP 中所蕴含的管理思想主要体现在以下几方面：

（一）体现对整个供应链资源进行全面管理的思想

在知识经济时代仅靠自己企业的资源不可能有效地参与市场竞争，还必须把经营过程中的有关各方如供应商、制造工厂、分销网络、客户等纳入一个紧密的供应链中，才能有效地安排企业的产、供、销活动，满足企业利用全社会一切市场资源快速高效地进行生产经营的需求，以期进一步提高效率和在市场上获得竞争优势。换句话说，现代企业竞争不是单一企业与单一企业间的竞争，而是一个企业供应链与另一个企业供应链之间的竞争。ERP 系统实现了对整个企业供应链的管理，适应了企业在知识经济时代市场竞争的需要。

（二）体现精益生产、敏捷制造和同步工程的思想

ERP 系统支持对混合型生产方式的管理，其管理思想表现在两个方面：其一是"精益生产"（Lean Production）的思想。它是由美国麻省理工学院（MIT）提出的一种企业经营战略体系。企业按大批量生产方式组织生产时，把客户、销售代理商、供应商、协作单位纳入生产体系，企业同其销售代理、客户和供应商的关系，已不再是简单的业务往来关系，而是利益共享的合作伙伴关系，这种合作伙伴关系组成了一个企业的供应链，这即是精益生产的核心思想。其二是"敏捷制造"（Agile Manufacturing）的思想。当市场发生变化，企业遇有特定的市场和产品需求时，企业的基本合作伙伴不一定能满足新产品开发生产的要求。这时，企业会组织一个由特定的供应商和销售渠道组成的短期或一次性供应链，形成"虚拟工厂"，把供应和协作单位看成是企业的一个组成部分，运用"同步工程"（SE），组织生产，用最短的时间将新产品打入市

场，时刻保持产品的高质量、多样化和灵活性，这即是"敏捷制造"的核心思想。

（三）体现事先计划与事中控制的思想

ERP 系统中的计划体系主要包括：主生产计划、物料需求计划、能力计划、采购计划、销售执行计划、利润计划、财务预算和人力资源计划等，而且这些计划功能与价值控制功能已完全集成到整个供应链系统中。

另一方面，ERP 系统通过定义事务处理（Transaction）相关的会计核算科目与核算方式，以便在事务处理发生的同时自动生成会计核算分录，保证了资金流与物流的同步记录和数据的一致性，从而实现了根据财务资金现状，追溯资金的来龙去脉，并进一步追溯所发生的相关业务活动，同时也改变了资金信息滞后于物料信息的状况，便于实现事中控制和实时做出决策。

第二章 ERP 沙盘模拟简介

第一节 ERP 沙盘模拟训练

沙盘，让人联想到战争年代的军事作战指挥沙盘，它清晰地将战场的地形地貌展现在军事指挥官面前，指挥官们凭借沙盘，指点江山，运筹帷幄之间，决胜千里之外。沙盘，也让人联想到当今时代房产开发商销售楼盘的布局沙盘，它清晰地将小区的楼层布局展现在客户面前，客户们凭借沙盘，权衡得失利弊，做出明智决策。那么，企业资源计划的沙盘，又能给企业资源计划的安排者即经营管理者提供什么信息，带来哪些方便呢？本节将对此作一个简单的介绍。

企业资源计划，即 Enterprise Resource Planning，是企业的经营管理者在企业资源包括厂房、设备、物料、资金、人员、供应商、客户等资源有限甚至稀缺的情况下，对其进行合理的规划安排，组织生产经营，力求实现企业利润最大化目标。ERP 模拟沙盘是针对先进的现代企业经营与管理技术——企业资源计划系统设计的角色体验式的实验平台，是企业资源计划 ERP 过程的沙盘化处理。

ERP 沙盘模拟就是将实验参与人员分为若干组，每个组的成员承担模拟企业的首席执行官、财务总监、采购总监、生产总监、营销总监等角色，组成一个管理团队，接管一个模拟的企业，在模拟的若干个年度内，把模拟企业运营的关键环节包括战略规划、资金筹集、产品研发、物资采购、生产组织、市场营销、设备改造、财务核算等交由管理团队去完成，把企业运营的外部环境和内部条件抽象为一系列的运行规则，让各管理团队在运行规则的约束条件下，去实现模拟企业的竞争、生存和发展，以达到在 ERP 沙盘模拟中运用管理知识、领悟管理规律、提升管理能力的功效。

第二节 ERP 沙盘模拟功能

一、拓展参与者的知识体系

通过 ERP 沙盘模拟课程的学习，可以打破学生的专业壁垒，改变固有的思维方式，拓展学生的知识体系。至少在以下几方面形成相对完善的知识体系。

战略管理。成功的企业一定有明确的企业战略，包括产品战略、市场战略、竞争战略、资金战略等。从最初的战略制订到最后的战略目标达成，经过几年的迷茫、挫折、探索，受训者将学会用战略的眼光看待企业的业务和经营，保证业务与战略的协调一致。

营销管理。市场营销就是企业用价值满足客户需要的过程。企业所有的行为，所有的资源无非是要满足客户的需求。模拟几年的市场竞争对抗，受训者将学会如何分析市场、关注竞争对手、把握消费者需求、制订营销战略、定位目标市场，制订并有效实施销售计划，实现自身产品的"惊险的一跃"，达成企业战略目标。

生产管理。采购管理、生产管理、质量管理统一纳入到生产管理领域，则新产品研发、物资采购、生产运作管理、品牌建设一系列问题背后的一系列决策自然地呈现在实验参与者面前，它跨越了专业分隔和部门壁垒，实现了多方知识的融合。

财务管理。在沙盘模拟过程中，团队成员将清晰掌握资产负债表、利润表的结构；掌握资本流转如何影响损益；通过"杜邦模型"解读企业经营的全局；预估长短期资金需求，以最佳方式筹资，控制融资成本，提高资金使用效率；理解现金流对企业经营的影响。

人力资源管理。从岗位分工、职位定义、沟通协作、工作流程到绩效考评，每个团队经过初期组建、短暂磨合、逐渐形成团队默契，完全进入协作状态。在此过程中，各自为战导致的效率低下、无效沟通引起的争论不休、职责不清导致的秩序混乱等情况使参与者深刻理解局部最优不等于总体最优，并学会换位思考。

信息管理。企业信息系统如同飞行器上的仪表盘，能够时刻跟踪企业运行状态，对企业业务运行过程进行控制和监督，及时为企业管理者提供丰富的可用信息。

二、提升参与者的综合素质

共赢理念。市场竞争是激烈的，也是不可避免的，但竞争并不意味着你死我活。寻求与合作者之间的双赢、共赢才是企业发展的长久之道。这就要求企业知己知彼，在市场分析、竞争对手分析上做足文章，在竞争中寻求合作，企业才会有无限的发展机遇。

全局观念。在企业运营这样一艘大船上，首席执行官是舵手、财务总监保驾护航、营销总监冲锋陷阵，每一个角色都要以企业总体最优为出发点，各司其职，相互协作，才能赢得竞争，实现目标。

保持诚信。诚信是一个企业的立足之基，发展之本。这里体现为对"游戏规则"的遵守，如市场竞争规则、产能计算规则、生产设备购置以及转产等具体业务的处理。

职业定位。在分组对抗中，有的小组轰轰烈烈，有的小组稳扎稳打，有的小组摇摆不定，需要注意个性特点与胜任角色的关联度。

第三节　ERP 沙盘模拟组成

一、沙盘教具

ERP 沙盘模拟教学以一套手工沙盘教具和一套电子沙盘教具为载体。手工沙盘教具主要包括：沙盘盘面六张，代表六个相互竞争的模拟企业。沙盘盘面按照制造企业的职能部门划分职能中心，包括营销中心、生产中心、物流中心、财务中心。各职能中心覆盖了企业运营的所有关键环节：战略规划、市场营销、生产组织、采购管理、库存管理、财务管理。电子沙盘教具则是将手工沙盘的内容电子化，在计算机上实现完全模拟企业经营过程。

二、课程设计

（一）组织准备工作

首先，学员分组。每组五至六人组成一个管理团队，接管六个相互竞争的模拟企业。其次，角色分工。明确每个学员的职能定位，一般分为首席执行官、财务总监、采购总监、生产总监、营销总监，还可适当增加商业间谍、财务助理等角色。最后，指导思想。向学生交代运行过程中的原则，不要怕犯错误，要学会发现问题，解决问题。

（二）基本情形描述

对企业经营者来说，需要对企业有一个全面的了解，包括股东期望、财务状况、市场占有、产品、生产设施、盈利能力等，基本情况描述以企业起始年的两张主要财务报表（资产负债表和利润表）为索引逐项描述企业目前的财务状况和经营成果，并对其他方面进行补充说明。

（三）市场企业规则

企业要在一个开放的市场环境中生存，企业之间的竞争需要遵循一定的规则，综合考虑市场竞争及企业运营所涉及的方方面面，简化为以下八方面的约定：市场划分与市场准入；销售会议与订单争取；厂房购买、出售、租赁；生产线购买、转产、维修、出售；产品生产；原材料采购；产品研发与国际标准化组织（ISO）认证；融资贷款贴现等。

（四）初始状态设定

管理团队接管一个已经运行了若干年的企业（电子沙盘是创建一个全新的企业），需要将企业的基本信息展现在沙盘盘面上，为企业的运营做铺垫。通过初始状态设定，使学员深刻感觉财务数据与企业业务的直接相关性，理解到财务数据是对企业运营情况的总结提炼，为"透过财务看经营"做观念上的准备。

（五）经营竞争模拟

企业经营竞争模拟按企业经营年度展开，通过商务周刊发布市场预测资料，对每个市场每个产品的总体需求量、单价、发展趋势作出有效预测。每一个企业组织在市场预测的基础上讨论企业战略和业务战略，并作出经营决策。

（六）现场案例解析

每一年经营下来，企业管理者都要对企业的经营结果进行分析，反思成在哪里，败在哪里，竞争对手情况如何，是否需要对企业战略进行调整，需要进行怎样的调整。

三、教学主体

在 ERP 沙盘模拟课程中，教师和学生的角色随着课程展开的不同阶段而发生变化，并引导课程的顺利进行。教师和学生的角色分工和变化如表 2-1 所示：

表 2-1　　　　　　　　　　　教师学生角色分工表

课程阶段	具体任务	教师角色	学生角色
组织准备阶段		引导者	认领角色
基本情况描述		企业旧任管理层	新任管理层
企业运营规则		企业旧任管理层	新任管理层
初始状态设定		引导者	新任管理层
经营竞争模拟	战略制订	商务、媒体信息	角色扮演
	融资	股东、银行家	角色扮演
	订单交货	客户	角色扮演
	购买原料	供应商	角色扮演
	流程监督	审计	角色扮演
	规则确认	咨询顾问	角色扮演
现场案例解析		评论家、分析家	角色扮演

需要注意的是，在 ERP 沙盘模拟运行过程中，教师的角色是复杂多变的，而学生的角色也可以尝试在同一管理团队内部进行轮换，教师和学生在整个过程中进行多次角色的转换和新鲜的尝试，完成若干年的模拟企业的模拟经营运行。

四、角色职能

由于在 ERP 沙盘模拟实验中，实验的参与者需要以企业经营管理角色的身份进入模拟企业，并在相关的职位上完成自身的职责。总的来说，这些角色和职位主要包括：对企业负总责的首席执行官、财务中心的财务总监、物流中心的采购总监、生产中心的生产总监、营销中心的销售总监。各个角色的职能分工和描述如表 2-2 所示：

表2-2 职能分工和描述表

职能中心	主要职能	职能描述	备注说明
财务中心 （财务总监）	现金库	根据企业经营决策，合理规划现金库存	注意现金的账实一致
	企业融资	根据企业现金情况，合理安排融资规划	长短期借款、贴现、高利贷
	应收应付款	根据营运资金规划，做好应收应付管理	按账期放在相应位置
	综合费用	根据企业目标流程，合理规划综合费用	折旧不影响现金流
物流中心 （采购总监）	采购决策	在原料采购提前期下，确定采购策略	R1、R2一季，R3、R4两季
	原料库存	根据产品结构，合理规划原料库存	把各类原料放在相应位置
	原料订单	根据原料采购提前期，确定原料订单	用空桶表示原料订单
	成品库存	根据市场预测，合理安排产品库存	把各类产品放在相应位置
生产中心 （生产总监）	厂房建设	确定大、小厂房买、卖、租计划	厂房不计提折旧
	生产线投资	确定各类生产线投资	把净值放在生产线位置
	产品生产决策	确定生产线产品生产策略	把产品标识放在相应位置
营销中心 （营销总监）	市场开拓	确定各类市场的开拓	开拓后取得准入资格
	产品研发	确定各类产品的研发	研发后取得生产资格
	ISO认证规划	确定企业管理认证的开发	认证后取得认证资格

　　各个角色可以根据沙盘上的位置来确定自己就座的位置，并根据企业的初始状态和运行业务的实际情况，根据上表的角色分工、职责描述和备注说明，尽可能好地完成自身的工作，和管理团队的其他成员协同作战，把自己接管的企业带向成功的彼岸。

第三章　ERP 沙盘模拟理论基础

第一节　企业战略管理

目前的沙盘模拟课程中，各组学员在年初的经营战略规划环节显得有些无所适从，常见的情况是大家不知道这个环节应该讨论什么，应该做些什么，所以通常这个环节的讨论都是天马行空，大家各抒己见，但往往仅仅是定性地对某一部分进行思考，缺少了定量的总体规划。其实，这个阶段一方面需要我们从企业战略管理的角度高屋建瓴，树立全局思想，在外部环境与内部条件分析基础上，对企业发展目标及实现的途径做一个全局性策划；另一方面，也需要我们将定性的思考转化为定量的分析，在进行企业战略决策之前对影响战略制定的各种内外因素进行深入的定量分析，从而为选择一个正确的战略方案打下基础。

一、企业战略与战略管理概述

（一）企业战略与战略管理的定义

企业战略是指企业设立远景目标并对实现目标的轨迹进行总体性、指导性谋划，属宏观管理范畴。企业战略是对企业各种战略的统称，其中包括竞争战略、营销战略、发展战略、品牌战略、融资战略、技术开发战略、人才开发战略、资源开发战略等。

而战略管理则可视为一个过程，而且是一个根据实施情况不断修正目标与方案的动态过程。因此，从概念上进行区分，可以认为战略是一个静态的概念，是战略管理的对象；而战略管理则是对战略的管理过程，是制定、实施和评价使组织达到其目标的跨功能决策的艺术和方法。

（二）战略管理的过程

战略管理是一个动态的过程，这个过程包括三个重要的组成部分，即战略制定、战略实施和战略评价。

1. 战略制定

战略制定主要包括确定企业任务，认清企业外部的机会与威胁，识别企业内部的优势与弱点，建立长期目标，制定和实施方案。如：企业要进入哪些新的业务领域，要放弃哪些业务，如何有效地配置资源，是否需要扩大经营规模，是否需要采取多元化经营或采取并购行动，是否需要展开跨国经营等。

2. 战略实施

战略实施要求企业依据战略制定的决策明确企业经营宗旨、建立年度目标、制定政策、激励企业员工和合理配置资源，以便使制定的战略得以贯彻执行。战略实施最主要的是要做到将战略目标分解到每个组织单元甚至个人，使他们真正了解和认同自己在企业战略中的位置，并积极主动地付诸行动。

3. 战略评价

战略评价主要从三个方面进行：一是重新审视外部与内部因素，这是决定现行战略的基础；二是度量业绩，发现战略实施进展与预先设计的业绩目标之间的差异；三是采取纠正措施。通过不断分析环境和企业自身因素，及时获取战略反馈信息，对战略实施过程中存在的问题采取有力的纠正措施，以保证战略的有效贯彻和动态运行。

二、企业总体战略

企业总体战略是指为实现企业总体目标，对企业未来发展方向所做出的长期性、总体性的谋划。企业总体战略包括发展型战略、稳定型战略、紧缩型战略和组合型战略四种类型。

（一）发展型战略

发展型战略是一种使企业在现有战略基础上向更高一级的目标发展的战略。这一类型的战略以发展为导向，引导企业不断地开发新产品，开拓新市场，采用新的生产方式和管理方式，以便扩大企业的产销规模，提高竞争地位，增强企业的竞争实力。可以分为：

1. 密集型发展战略

密集型发展战略是指企业在原有生产范围内充分利用在产品和市场方面的潜力，以快于过去的增长速度来求得成长与发展的战略。可以分为：

（1）市场渗透战略

市场渗透战略是以现有产品在现有市场范围内通过更大力度的营销，努力提高现有产品或服务的市场份额的战略。

（2）市场开发战略

市场开发战略是密集型发展战略在市场范围上的扩展，它是将现有产品或服务打入新市场的战略。

（3）产品开发战略

产品开发战略是密集型成长战略在产品上的扩展。它是企业在现有市场上通过改造现有产品或服务，或开发新产品、新服务而增加销售量的战略。

2. 一体化发展战略

一体化发展战略是指企业充分利用自身产品（业务）在生产、技术和市场等方面的优势，沿着其产品（业务）生产经营链条的纵向延伸扩展或横向兼并联合，不断通过扩大其业务经营的深度和广度来扩大经营规模，提高其收入和利润水平，使企业得到发展壮大。

3. 多样化发展战略

多样化发展战略是企业为了更多地占领市场或开拓新市场，或避免经营单一带来的风险，而选择进入新领域的战略。多样化发展战略的特点是企业的经营业务已经超出一个行业的范围，在多个行业中谋求企业的发展。

（二）稳定型战略

稳定型战略又可称为防御型战略、维持型战略。稳定型战略是指限于经营环境和内部条件，企业在战略期所期望达到的经营状况基本保持在战略起点的范围和水平上，也就是指企业在战略期基本维持原有经营领域或略有调整，保持现有的市场地位和水平，或仅有少量的增减变化。

（三）紧缩型战略

紧缩型战略又称为撤退型战略、退却型战略。紧缩型战略是指企业在一定时期内缩小生产规模或取消某些产品生产的一种战略。采取紧缩型战略可能出于多种原因和目的，但基本的原因是企业现有的经营状况、资源条件以及发展前景不能应付外部环境的变化，难以为企业带来满意的收益，以致威胁企业的生存。只有采取收缩和撤退的措施，才能抵御对手的进攻，避开环境的威胁，保存企业的实力，等待时机重新组合资源，实现企业的长远发展。紧缩型战略是一种以退为进的战略。

（四）组合型战略

前面所讲的稳定型战略、增长型战略和紧缩型战略既可以单独使用，也可以组合使用。从组合型战略的特点来看，一般较大型的企业采用较多，因为大型企业相对来说拥有较多的战略业务单位，这些业务单位很可能分布在完全不同的行业和产业群之中，它们所面临的外界环境和所需要的资源条件不完全相同，采取不同战略类型可以让这些业务单位量体裁衣。

三、企业竞争战略

竞争战略，又称业务战略，是企业参与市场竞争的策略和方法。迈克尔·波特从产业组织的观点，运用结构主义的分析方法，提出了三种基本的竞争战略。

（一）成本领先战略

成本领先战略是指用较低的成本赢得竞争优势的战略，企业用很低的单位成本价格为用户生产标准化的产品。成本领先战略是要使本企业的某项业务成本最低，而不仅仅是努力降低成本。这是因为任何一种战略之中都应当包含成本控制的内容，它是管理的基本任务，但并不是每种战略都要追求成为同行业中的成本最低者。

降低成本的具体方法包括：扩大企业的经济规模，提高企业的规模效益；提高生产能力使用率，提高生产效率；改进产品的设计和工艺，从产品结构上降低成本；与供应商和经销商建立良好的关系，降低原材料价格和销售费用；严格审查预算需求，强化成本和管理费用的控制，从管理上加大控制成本的力度。

（二）差异化战略

差异化战略指依靠产品的质量、性能、品牌、外观形象、用户服务的特色赢得竞争优势的战略，其特点是对价格相对不敏感的用户提供某产业中独特的产品和服务。差异化战略在本质上是通过提高顾客效用来提高顾客价值。如果顾客能够感知其产品与服务的独特性，总会有一部分顾客愿意为此支付较高的溢价，相应地，企业也可能获得较高的利润。

（三）集中化战略

集中化战略，是指集中满足细分市场目标的战略。集中化战略一般选择对替代品最具抵抗力或竞争对手最弱之处作为目标市场。集中化战略的优点是：有利于实力小的企业进入市场；有利于避开强大的竞争对手；有利于稳定客户，企业的收入也相对比较稳定。缺点是：企业规模不易扩大，企业发展速度较慢；不易抵抗强大竞争对手对细分市场的竞争。按照迈克尔·波特的观点，成本领先战略和差异化战略都是雄霸天下之略，而集中化战略则是穴居一隅之策。这一战略的前提是：公司能够以更高的效率、更好的效果为某一狭窄的客户群体提供服务，从而超过在更广阔范围内的竞争对手。结果是，公司或者通过较好满足特定对象的需要实现了差异化，或者在为这一对象服务时实现了低成本，或者二者兼得。

四、企业战略选择方法

战略的选择对于企业的战略管理起着至关重要的作用，可以说企业对于其战略的选择将直接影响企业发展的成败。因此，企业对于战略的选择十分重视而且谨慎，常用的战略选择方法分为以下几种：

（一）态势（SWOT）分析法

SWOT分析法就是确认企业面临的优势（Strength）与劣势（Weaknesses）、机会（Opportunities）与威胁（Threats），并据此确定企业的战略定位，最大限度地利用内部优势和机会，使企业劣势与威胁降至最低限度。常用的方法是详尽地明确行业状况和企业内部战略环境，对所列的因素逐项打分，然后按因素的重要程度加权并计算其代数和，以判断其中的内部优劣势与外部的机会与威胁。当然，这样的方法不可避免带有精度不够的缺陷，但直观和使用的简单性却是它最大的优点。

如图3-1所示。

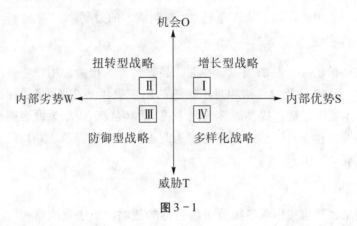

图 3 - 1

1. 增长型战略（SO）

当机会较多、优势较大的时候，采取增长型战略。企业应该集中于某单一经营领域，利用自己的优势占领市场。企业可以选用纵向一体化向自己的上游供应商或下游销售商扩展。企业可以对少量的相关产品进行多样化的经营，同时利用自己的优势，拓展市场上的机会。

2. 扭转型战略（WO）

当市场机会多，但是企业处于竞争劣势时，企业需要扭转现状。摆脱自己的劣势竞争地位。推荐企业在某一经营领域制定集中战略，以某一个领域为突破口改变现状。为了减小风险，企业可以进行多样化经营，产品和当前业务相关性大小均可进行。如果这一切难以奏效，请放弃这块市场。

3. 防御型战略（WT）

当市场威胁大，企业又没有优势的时候，企业只能采取防御战略。推荐的方法是谋求与竞争对手合作或合并，以加强竞争地位。企业可以选用纵向一体化和多样化经营。如果难以成功，企业可以将该市场中的业务分离出去，或者把资源收回，用到其他领域。

4. 多样化战略（ST）

当企业有较大的竞争优势，但市场机会不多的时候，企业适合采取多样化经营战略，把企业带向有更大发展空间的市场。另一种进入新领域的方法是寻找合作或合资经营的机会。企业可以通过纵向一体化，进入上游或者下游行业。

SWOT 分析是战略分析中非常重要的工具，也是一种战略性的思维方法。当然，SWOT 分析的正确使用来源于知识、经验、充分的信息、战略思维和商业直觉，可以说，它是一个非常综合性的思维过程。

（二）波士顿（BCG）矩阵

一个企业自主经营的各分公司或分部结构称为其业务组合。当企业的各分部或分公司在不同的产业进行竞争时，各业务组合都应当建立自己单独的战略。波士顿咨询集团矩阵（BCG）就是为促进多部门经营企业的战略制定而专门设计的决策方法。BCG 矩阵图示表明了企业各分部在市场份额和产业增长速度方面的差别。

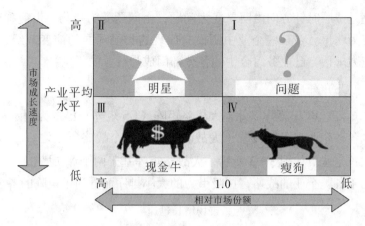

图 3-2

BCG 矩阵使多部门企业通过考察各分部对其他分部的相对市场份额地位和产业增长速度而管理其业务组合。相对市场份额地位可定义为分部在其本产业的市场份额与该产业最大竞争公司的市场份额之比。

图 3-2 是一个 BCG 矩阵的例子。位于 BCG 矩阵第 I 象限的业务分部被称为"问题"，第 II 象限的业务分部被称为"明星"，第 III 象限的业务分部被称为"现金牛"，第 IV 象限的业务被称为"瘦狗"。

问题——位于第 I 象限的分部或分公司，在高速增长产业中有较低的相对市场份额地位。这类企业通常对资金的需求量大而资金创造能力小。之所以被称为"问题"是因为公司必须决定是通过采用加强型战略（市场渗透、市场开发或产品开发）来加强这类单位，还是将其售出。

明星——第 II 象限业务部门，是公司最佳长期增长和获利机会所在。处于高速增长产业又有相对高市场份额的分部应得到大量投资以保持或加强其主导地位。这类分部可考虑采用的战略包括：前向、后向和横向一体化，市场渗透，市场开发，产品开发及合资经营。

现金牛——位于第 III 象限的分部，有相对高的市场份额地位，但竞争于低增长产业。很多今天的现金牛就是昨日的明星。应使现金牛分部尽可能长时期地保持其优势地位。产品开发或集中化多元经营战略可能对强势现金牛企业有吸引力。然而，当现金牛分部变为弱势时，更适合于采用收缩或剥离战略。

瘦狗——第 IV 象限分部，相对市场份额地位低，而且竞争于低增长或零增长产业。它们是公司业务组合中无用的瘦狗。由于其内部和外部地位的劣势，这类部门往往被结业清算、剥离或通过收缩而被削减。当分部刚刚沦为瘦狗时，最好首先采用收缩战略，因为通过大规模的资产和成本削减很多瘦狗往往能够起死回生，成为有活力的、盈利的企业分部。

BCG 矩阵的主要益处在于，它使人们很容易注意到企业各分部的现金流动、投资特性及需求。很多公司的各分部都随着时间的推移而发生了变化：按逆时针方向不断地由瘦狗变为问题，由问题变为明星，由明星变为现金牛，再由现金牛变为瘦狗。较少的演变顺序是按顺时针方向由明星变为问题，由问题变为瘦狗，由瘦狗变为现金牛，再由现金牛变为明星。在某些企业中则没有出现这类循环式的演变。经过一定时间的努力，企业应力求使自己业务组合中的各分部门成为行业的明星。

（三）大战略（GS）矩阵

除 SWOT 矩阵、BCG 矩阵以外，大战略矩阵（GS 矩阵）已成为制定备选战略的一种常用工具。各种企业都可以被置于大战略矩阵的四个战略象限之一。公司的各分部也可按此方式被定位。如图 3-3 所示，大战略矩阵基于两个评价数值：竞争地位和市场增长。适用于各类企业的战略，按吸引力的大小排序而分列于矩阵的各象限中。

图 3-3

位于大战略矩阵第Ⅰ象限的公司处于极佳的战略地位。对这类公司，继续集中经营于当前的市场（市场渗透和市场开发）和产品（产品开发）是适当的战略。第Ⅰ象限公司大幅度偏离已建立的竞争优势是不明智的。当第Ⅰ象限公司拥有过剩资源时，后向、前向或横向一体化可能是有效的战略。当第Ⅰ象限公司过分偏重于某单一产品时，集中化多元经营战略可能会降低过于狭窄的产品线所带来的风险。第Ⅰ象限公司有能力利用众多领域中的外部机会，必要时它们可以冒险进取。

位于第Ⅱ象限的公司需要认真地评价其当前参与市场竞争的方法。尽管其所在产业正在增长，但它们不能有效地进行竞争。这类公司需要分析企业当前的竞争方法为何无效，企业又应如何变革而提高其竞争力。由于第Ⅱ象限公司处于高速增长产业，加强型战略通常是它们的首选战略。然而，如果企业缺乏独特的生产能力或竞争优势，横向一体化往往是理想的战略选择。为此，可考虑剥离或结业清算。剥离可为公司提供收购其他企业或买回股票所需要的资金。

处于第Ⅲ象限的公司在增长缓慢的产业中竞争并处于不利的竞争地位。这类公司必须迅速进行某些重大的变革，以避免情况的进一步恶化及可能的结业清算。首先应大幅度地减少成本和资产（收缩），另外可将资源从现有业务领域转向其他业务领域。如果各种尝试均告失败，第Ⅲ象限公司的最后选择便是剥离或结业清算。

第Ⅳ象限公司有较强的竞争力，但属于增长缓慢的产业。这类公司有能力在有发展前景的领域进行多元经营。典型的是第Ⅳ象限公司具有较大的现金流量并对资金的需求有限，从而可以成功地采取集中化、横向或混合式多元经营，这类公司也可进行合资经营。

第二节 企业市场营销

在ERP沙盘模拟课程中，企业要发展壮大，必须不断提高市场占有率，而提高市场占有率的关键就是进行市场营销。在ERP沙盘课程中，主要会涉及市场营销的以下相关知识点：

一、市场调研

（一）市场调研的概念

市场营销的目的是通过比竞争者更好地满足市场需求，赢得竞争优势，进而取得合理的利润收入。要做到这一点，就必须从研究市场出发，了解市场需求及竞争者的最新动态，开展市场营销调研，广泛收集市场营销信息，据此制定市场营销战略决策。

市场调研是指通过科学的方法，有目的、有计划地搜集、记录、整理和分析商品供求情况及与之相关的资料，为市场经营预测提供可靠依据的一项工作。

（二）市场调研的内容

由于影响市场的因素很多，所以市场营销调研的内容范围很广。凡是直接或间接影响企业营销状况的因素都可能被列入调研的范围。归纳起来，企业进行的市场调研主要包括以下内容。

1. 市场营销环境调研

市场营销环境调研是对影响企业市场营销的外部条件进行调研。市场环境调研的主要内容包括政法环境、经济环境、人口环境、社会文化环境及技术环境等方面的调研。

2. 市场需求调研

现代企业营销活动的营销决策是以市场需求为核心的，因此市场需求状况信息是企业必须调研的重要内容，企业对市场需求的调研应该是经常的和系统的，主要调研内容有以下几个方面：

（1）市场总需求的调研

了解市场上可支配的货币总额、用于购买商品的货币额及投放于各类商品的货币额的变化情况，掌握行业及相关行业的市场需求状况，掌握市场的供求关系及其变化情况。

（2）目标市场的需求调研

了解各细分市场及目标市场的现实需求量和销售量，分析产品市场的最大潜在需求量、各细分市场的饱和点及潜在能力、各细分市场的需求量与行业营销的关系。

（3）市场份额调研

了解本企业及竞争对手产品的市场地位、市场份额及其变化情况，掌握市场上对某类产品的需求特征及其原因和规律性。

3．市场竞争情况调研

"知己知彼，百战不殆"，企业要加速自身的发展，并在市场竞争中立于优势之地，就必须想尽一切办法去获取竞争者信息。诸如竞争对手的经营规模（设备先进程度、生产规模、劳动效率等）、产品特点（外观、内质、价格水平等）、应变能力（生产多档产品、适应市场需求等）、技术设备（技术队伍、新产品开发、试验室建设等）的了解。把握了竞争对手的状况，企业就把握了营销活动中相对优势的地位。

4．顾客购买行为的调研

购买行为的调研，主要是掌握顾客的购买动机、购买欲望和购买能力，以分析本企业产品的现实购买者和潜在购买者。

5．市场营销组合因素调研

市场营销组合因素调研主要是调研了解企业各种可控因素对市场营销活动的影响，包括产品调研、价格调研、销售渠道调研和促销调研。企业经营是一个连续的、不断发展的过程。通过市场调研可以摸清现状，分析企业的优势和劣势，探测未来变化趋势，发现机会与威胁，为企业下一步的发展做好准备。

二、市场细分与目标市场策略

（一）市场细分的概念

市场细分是企业根据消费者需求、购买行为等方面的差异性，将整个市场划分为若干个不同类型的消费者群（买主群）的市场分类过程。每一个消费者群就是一个细分市场，即小市场，亦称"子市场"、"亚市场"。这些细分市场的消费者在需要、爱好、购买动机、购买行为、购买习惯等方面极为相似。

（二）市场细分的作用

1．有利于分析、挖掘新的市场营销机会，形成新的富有吸引力的目标市场

市场营销机会就是尚未被满足的需求，这种需求往往是潜在的，一般不易被发现。企业通过市场细分，可以有效地分析和了解各个消费者群的需求满足程度和市场上的竞争状况，寻找目前市场上的空白点，结合企业资源状况，形成并确立适合本企业开发与经营的产品，并以此为出发点设计出相应的营销战略，就有可能抓住市场机会，迅速取得市场竞争优势地位，提高企业营销能力，使企业赢得市场主动权。

2．有利于调整企业的营销策略，提高应变能力和竞争能力

市场细分后，每一个市场变得小而具体。在细分市场上开展营销活动，增强了市

场调研的针对性，信息反馈快，易于了解消费者需求的特性及其变化，从而调整产品结构，增加产品特色，增强企业的应变能力。企业将细分市场确定为自己的目标市场，把有限的人、财、物等资源优势集中到目标市场上，扬长避短，有的放矢地开展生产经营，避免分散力量，从而提高竞争力。

（三）目标市场的概念

在市场细分的基础上，企业根据自己的资源和营销目标选择一个或几个细分市场作为自己的目标市场，也就是企业营销活动所要满足的市场，是企业决定要进入的市场。企业的一切营销活动都是围绕目标市场进行的，选择和确定目标市场，明确企业的具体服务对象，是企业制定营销战略的首要内容和基本出发点。

（四）如何选择目标市场

经过市场细分后，企业就可以选择一个或几个细分市场作为目标市场。企业确定目标市场应考虑以下因素：第一，有一定的市场容量，就是要分析市场规模现有的水平和潜在的发展趋势，市场容量大，企业才有可能实现自己预期的盈利目标。第二，有尚未满足的需求，以保证有足够的营业额和充分发展的潜力。第三，竞争状况，竞争者少或没有被竞争者所控制，企业进入该市场则比较容易，反之，企业要想进入并获得发展，就要付出一定的代价，承担更大的风险；假如企业所选择的目标市场经过努力后，仍不能与竞争对手相抗衡，那么，该市场就不能作为企业的目标市场。第四，企业生产经营条件，指企业的资源条件和经营目标是否能与细分市场的需求相吻合。企业所选择的目标市场必须同时具备以上条件，才能制定出正确的营销组合，长久地占领市场，从而实现企业的经营目标。

（五）目标市场营销策略的类型

企业选择目标市场的范围不同，营销策略也不一样。可供企业选择的目标市场营销策略主要有三种：无差异营销策略、差异性营销策略、集中性营销策略。

1. 无差异营销策略

它是指企业以整个市场（全部细分市场）为目标，提供单一的产品，采用单一的营销组合策略，尽可能地吸引更多的消费者。

无差异营销策略的最大优点是成本的经济性。但是，这种策略对大多数产品并不适用，对于一个企业来说，一般也不宜长期采用。因为市场需求是有差异的而且是不断变化的，一种多年不变的老产品很难长期被消费者接受和喜爱；同时，当众多生产同一产品的企业都采用这种策略时，必然会导致市场竞争的加剧，而有些需求却得不到满足，这对于营销者、消费者都是不利的。

2. 差异性营销策略

它是指企业在对市场进行细分的基础上，根据各细分市场的不同需要，设计不同的产品和运用不同的市场营销组合，在各细分市场开展营销活动。

采取这种策略的企业，可以进行小批量、多品种生产，有很大的优越性。一方面，它能够较好地满足不同消费者的需求，吸引更多的消费者，有利于扩大企业的销售额；

另一方面，一家企业如果同时在几个细分市场都占优势，就会大大提高消费者对企业的信任感，从而树立企业整体形象，增强企业在市场上的竞争力。

差异性营销策略也存在一些缺点，主要是经营成本较高，营销组合的多样化可能带来企业资源上的紧张，造成企业注意力的分散。

3. 集中性营销策略

它是指企业集中全部力量于一个或极少数几个细分市场，提供能满足这些细分市场需求的产品，实行专业化的生产和销售，以期在竞争中取得优势。

采用这种策略通常是为了在一个较小的细分市场上取得较高的市场占有率，而不是追求在整体市场上占有较大的份额。集中性营销策略的优点是可深入了解细分市场的情况，充分利用企业资源，发挥自身优势，实行专业化生产和销售，从而降低成本，增强竞争力，提高产品市场占有率。这种营销策略最大的缺点是市场风险大。因为企业的目标市场范围较小，企业回旋的余地不大。这种策略适用于实力较弱的小企业。小企业无力在整体市场或多个细分市场上与大企业抗衡，而在大企业未予注意或不愿顾及的某个细分市场上全力以赴，则往往能够取得经营上的成功。

三、市场定位

(一) 市场定位的概念

市场定位是指根据市场竞争状况和本企业的条件，确定本企业产品在目标市场上的竞争地位（市场位置）。其实质是使本企业及其产品在消费者心目中树立某种形象，以便在该细分市场上吸引更多的顾客。

(二) 市场定位的方法

企业在进行市场定位时，一般要依据定位的具体目的，根据目标市场的需要情况，综合考虑实行产品差异化的好处、与竞争企业及其产品的关系、自身的条件等一系列问题，侧重于对某些定位的对象因素加以配套设计。

1. 避强定位法

该法也称填补市场空位法，是指企业把产品定位于目标市场上的空白处，并借助专业化对那些为大企业所忽略或放弃的市场提供有效的产品或服务。避强定位法的优点是可以避开市场的激烈竞争，使企业有一个从容发展的机会。

2. 迎头定位法

该法又称与现有竞争者共存法，指企业把自己的产品定位在某一竞争者的同一位置上，与现有竞争者和平共处，但并不是取而代之。这取决于企业资源、实力、声望与竞争者是否相当。其优点是无须开发新产品，可节省销售费用，但存在一定的风险。

3. 逐步取代定位法

该法即取代现有竞争者，最终将竞争者赶出目标市场，占有它们的市场份额。采用这种方法的原因，一是企业选定的目标市场已为竞争者占领，且没有进一步挖掘的潜在需求；二是企业势力雄厚，能成为行业领导者。这种方法风险相当大，要求企业新产品明显优于现有产品，还必须做大量的宣传推销工作，以冲淡消费者对原有产品的印象和好感。

4. 产品重新定位

企业定位即使很恰当，但当出现以下情况时，就要考虑重新定位。

（1）新的竞争者（新产品）进入企业的目标市场，使本企业产品市场占有率下降。可采取增加产品的差异性等办法与竞争者抗衡，或与之拉开距离。

（2）消费者的偏好发生变化，喜欢本企业产品的顾客转移到喜欢竞争者的产品。可采取广告宣传等办法改变消费者对产品的印象，或改变产品以迎合消费者。产品重新定位还应考虑成本和收益，以免得不偿失。

四、产品策略

（一）概念

所谓产品策略，即指企业首先要明确企业能提供什么样的产品和服务去满足消费者的要求。它是市场营销组合策略的基础，从一定意义上讲，企业成功与发展的关键在于产品满足消费者的需求的程度以及产品策略正确与否。在这里我们重点介绍产品策略中的产品组合策略和产品生命周期策略。

（二）产品组合策略

产品组合策略是根据企业的经营目标，对产品组合的宽度、深度、长度和关联度进行最优组合。

1. 扩大产品组合

它包括拓展产品组合的宽度和增加产品组合的长度、深度。前者是在原产品组合中增加一个或者几个产品线，扩大产品的范围，后者是在原有产品大类中增加新的产品项目。此外还有宽度、长度同时进行扩大。

2. 缩减产品组合

在市场需求缩减、原材料紧张、劳动力成本增加等情况下，企业缩减产品组合反而有利于利润总额的上升，这是因为从产品组合中剔除掉了那些获利很小甚至不获利的产品线和产品项目，使企业可以集中力量生产获利更多的产品。

3. 产品组合延伸

所谓产品组合延伸，也就是将企业现有产品组合加以伸长的一种行动，是指企业在特定的产品线内部，全部或者部分地改变公司原有产品的市场定位。产品延伸决策有 3 种类型：向下延伸、向上延伸、双向延伸。

（1）向下延伸。这是指企业原来生产高档产品，后来决定增加低档产品。

（2）向上延伸。这是指企业原来生产低档产品，后来决定增加高档产品。

（3）双向延伸。定位于市场中间范围的企业在占据市场优势之后，可能会决定朝产品大类的上下两个方向延伸。

产品延伸与扩大、缩减产品组合两种决策的区别在于：在大多数情况下，产品延伸仅仅是一种战术决策，而扩大、缩减产品组合则是一种战略决策。

4. 产品线现代化

有时产品线的长度虽然适当，但是产品还是停留在多年前的水平上，这就需要更新产品，实现产品线的现代化，跟上市场前进的步伐。产品线现代化就是强调把现代化的科学技术应用于生产经营过程中，并不断改进产品线使之符合顾客需求的发展潮流。

（三）产品生命周期策略

根据营销专家菲利普·科特勒的研究，依据产品的市场占有率、销售额、利润额的不同，典型的产品生命周期一般分为四个阶段：产品引入阶段，指在市场上推出新产品，产品销售呈缓慢增长状态的阶段；成长阶段，指该项产品在市场上迅速为顾客所接受，销售额迅速上升的阶段；成熟阶段，指大多数购买者已经接受该项产品，市场销售额缓慢增长或开始下降的阶段；衰退阶段，指销售额急剧下降、利润渐趋于零的阶段。在产品生命周期的各个不同阶段，产品自身特点、消费者购买行为及市场竞争状况等都呈现出不同特点，企业应该采取相应的营销策略。

1. 导入期的营销策略

导入期是新产品正式上市的最初销售时期，只有少数创新者和早期采用者购买产品，销售量小，促销费用和制造成本高，竞争不激烈。

这一阶段企业营销策略的指导思想是：把销售力量直接投向最有可能的购买者，即新产品的创新者和早期采用者，让这两类具有领袖作用的消费者加快新产品的扩散速度，缩短导入期的时间。这一阶段的营销策略有以下几种：

（1）快速撇取策略：即以高价格和高促销费用，迅速扩大销售量以取得较高的市场占有率。

（2）缓慢撇取策略：即以高价格和低促销费用推出新产品。

（3）快速渗透策略：即企业以低价格和高促销费用来迅速打入市场，这种策略可以使得企业获得最快的市场渗透率和较高的市场占有率。

（4）缓慢渗透策略：即企业以低价格和低促销费用来推出某种新产品。

2. 成长期的营销策略

成长期的产品，其性能基本稳定，大部分消费者对产品已熟悉，竞争者不断进入，市场竞争加剧。成长期是企业获利的关键时期，企业营销策略的核心是尽可能地延长产品的成长期，可采取各种措施进行大范围的市场扩张，在拓宽企业的市场空间的同时，也增大了营销费用。但从长期看，实施扩张战略会增大企业的市场份额，单位产品的营销成本也必然下降，可以获得更多的利润。

3. 成熟期的营销策略

一种产品的销售成长率在达到某一点后将放慢步伐，并进入相对成熟阶段。大多数产品处于成熟阶段，因此，大部分营销人员处理的正是市场上的成熟产品。主要的营销策略有以下几种。

（1）市场改良策略：也叫市场多元化策略，就是开发新市场、寻求新用户。

（2）产品改良策略：也称产品再推出，是通过改进现行产品的特性，以吸引新用户或增加新用户使用量。

（3）市场营销组合改良策略：即通过对产品、定价、渠道、促销四个市场营销组合因素加以综合改革，刺激销售量回升。

4．衰退期的营销策略

产品进入衰退期一般表现为：销售量每况愈下；消费者已在期待新产品的出现或已转向；有些竞争者已退出市场；企业经常调低价格，处理存货，不仅利润下降，而且有损于企业声誉。此时企业可以采用以下的营销策略：

（1）继续策略：即保持原有的细分市场，沿用过去的营销组合策略，把销售维持在一个低水平上，待适当时机便停止该产品的经营，退出市场。

（2）集中策略：即把企业能力和资源集中使用在最有利的细分市场、最有效的销售渠道和最易销售的品种、款式上。概括地说，就是缩短战线，以最有利的市场赢得尽可能多的利润。

（3）收缩策略：即大幅度降低销售费用，以增加眼前利润，通常作为停产前的过渡策略。

（4）放弃策略：即对于衰落比较迅速的产品，应当机立断，放弃经营，转向其他产品。

第三节　企业生产管理

生产运作管理是对生产运作系统的设计，运行与维护过程的管理，它包括对生产运作活动进行计划、组织和控制。在 ERP 沙盘模拟课程中，生产总监和采购总监的工作涉及企业生产运作管理的全过程，对企业的高效运转具有举足轻重的作用。那么，在沙盘模拟的过程中，会涉及生产运作管理哪些方面的知识点呢？

一、生产能力计划

（一）生产能力的概念

生产能力是指在计划期内，企业参与生产的全部固定资产，在既定的组织技术条件下，所能生产的产品数量，或者能够处理的原材料数量。生产能力是反映企业所拥有的加工能力的一个技术参数，它也可以反映企业的生产规模。每位企业主管之所以十分关心生产能力，是因为他随时需要知道企业的生产能力能否与市场需求相适应。当需求旺盛时，他需要考虑如何增加生产能力，以满足需求的增长；当需求不足时，他需要考虑如何缩小规模，避免能力过剩，尽可能减少损失。

生产能力是反映企业生产可能性的一个重要指标。

（二）生产能力计划的概念

生产能力计划是提供一种方法来确定由资本密集型资源（设备、工具、设施和总体劳动力规模等）综合形成的总体生产能力的大小，从而为实现企业的长期竞争战略提供有力的支持。生产能力计划所确定的生产能力对企业的市场反应速度、成本结构、库存策略及企业自身管理和员工制度都将产生重大影响。如果当前的生产能力不能满足当前或未来需要的生产能力时，就需要进行生产能力与需求的平衡。生产能力与需求的平衡可以给企业带来丰厚的利润，而平衡一旦受到破坏，生产系统将蒙受巨大的损失。

生产能力计划的制订可分为 3 个时期。

1. 长期计划

长期计划是指时间在一年以上的生产能力计划，也称为战略能力计划。长期计划涉及新设施和新设备投资，考虑未来若干年内生产需求和发展。由于在长期计划下增加生产能力需要大量的投资，并且投资一般不具可逆性，所以，长期计划的实施具有很大的风险，因而在制订长期计划时就需要谨慎处理、周密考虑。

对于制造企业及服务企业，在确定生产能力时都会涉及许多因素。增加生产能力的主要原因是需要扩大生产能力来满足市场需求，然而这不仅仅涉及需求预测。在某种情况下，增加生产能力是为了使企业更快地响应顾客，或者使产品线的更新、修改更具灵活性。

2. 中期计划

中期计划是指在 6~18 个月的时间内制订的月计划或季度计划。当发生员工人数变化、增加新工具、购买小型设备及签订转包合同等情况时，中期计划可能需要调整。

3. 短期计划

短期计划是指小于一个月的生产能力计划。主要包括确定所需人工数量、加班计划及预算、库存管理等内容。

在 ERP 沙盘模拟实验课程中主要考虑的是中长期的生产能力计划，对生产能力计划最直观的运用表现在每年年初需要对下一年所有产品的最大产能作一个预估，以免在拿订单时拿到超过自己最大产能的订单总额。

（三）生产能力计划决策方法

在涉及市场变化和不确定需求的情况下，生产能力计划决策中常用的方法是本量利分析法。

本量利分析又称盈亏平衡分析，其目的在于找到使销售收入能够覆盖生产经营成本所必需的最低生产或销售水平，即盈亏平衡点。在该水平下，销售收入等于生产经营成本。进行本量利分析需要对销售收入、固定成本和变动成本进行准确的估算。本量利分析模型如图 3-4 所示。

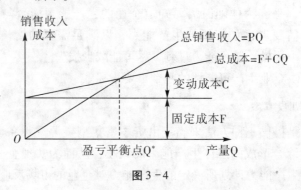

图 3-4

根据相应的定量关系表达式，可对产品生产和销售盈亏平衡点进行计算。

图 3 - 4 中，Q^* 为盈亏平衡点产量（销量）、P 为产品销售价格、Q 为产品的产量、F 为产品固定成本、C 为产品单位变动成本。

从图 3 - 4 中，可以直观地看出，在盈亏平衡点，产品的总销售收入等于总成本，即：

$$PQ = F + CQ$$

根据此式，可求得产品的盈亏平衡点为：

$$Q^* = F/(P - C)$$

这时，盈亏平衡销售额 S^* 为：

$$S^* = QP = F/(1 - C/P)$$

产品利润 $E = (P - C)Q - F$

当产品销售量超过其盈亏平衡点时，利润大于零；当产品销售量在盈亏平衡点时，产品利润为零；产品销售量低于盈亏平衡点时，产品利润为负。

在利用本量利模型进行生产能力计划方案决策时，还可以更进一步地考虑经营安全性，由本量利模型与经营安全性一起来决策选择哪个方案。经营安全率反映生产能力计划方案的经营风险，其模型如下：

$$r = (Q - Q^*)/Q = (S - S^*)/S$$

式中：r 为经营安全率；其他符号同上。

当销售量或销售收入越大时，企业经营安全率 r 就越接近 1，说明企业经营越安全，亏损风险越小；企业经营安全率 r 越接近 0，企业经营越不安全，企业亏损风险就越大。对于企业的经营安全状态，可分 5 级进行分析判断，如表 3 - 1 所示。

表 3 - 1

经营安全率 r	0.3 以上	0.25 ~ 0.3	0.15 ~ 0.25	0.1 ~ 0.15	0.1 以下
经营安全状态	安全	较安全	不太好	要警惕	危险

运用本量利分析方法，可以在 ERP 沙盘模拟过程中对企业的生产进行一个合理的安排和计划，用哪种生产线来生产哪种产品是合理的，是否需要增加生产线，增加哪种生产线，这些都可以通过本量利分析来实现。

如：判断用手工线生产 P4 产品是否合理。

单位产品变动成本：原材料 4 + 加工费 1 = 5，单价：7.5，

本条手工线本年固定成本：折旧 1 + 维护 1 + 市场 0.25 + 广告 0.25 + 利息 0.25 = 2.75

盈亏平衡点产量 = 2.75/（7.5 - 5）= 1.1 = 2

而本条手工线年内最大产能为 1，1 < 2，所以用手工线来生产 P4 产品是会带来亏损的。

二、采购管理

所有的采购过程，都是从资源市场获取资源的过程。采购对于企业的意义，就在

于能解决他们所需要的而又缺乏的资源问题，既包括物资资源也包括非物资资源。市场能够提供这些资源的供应商，形成了一个资源市场。从资源市场获取这些资源，都是通过采购的方式。在生产型企业中，物料需求计划（MRP）是主要的采购管理方式，如图3-5所示。

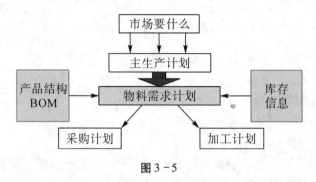

图 3-5

（一）物料需求计划（MRP）的概念

MRP采购主要应用于生产企业，是生产企业根据主生产计划和主产品结构及库存情况，逐步推导出生产主产品所需要的零部件、原材料等资源的数量，并以此为依据制订生产计划和采购计划的过程。MRP采购规定了采购的品种、数量、采购时间和采购周期，是以需求分析为依据和满足库存为目的。

在传统的采购模式中，采购的目的是为了补充库存，即为库存采购。在供应链管理的环境下，采购活动是以订单驱动方式进行的。

（二）制订物料需求计划前具备的基本数据

制订物料需求计划前就必须具备以下的基本数据：

第一项数据是主生产计划，它指明在某一计划时间段内应生产出的各种产品和备件，它是物料需求计划制订的一个最重要的数据来源。

第二项数据是物料清单（BOM），它指明了物料之间的结构关系（也就是每种产品由哪些物料构成），以及每种物料需求的数量，它是物料需求计划系统中最为基础的数据。

第三项数据是库存记录，它把每个物料品目的现有库存量和计划接受量的实际状态反映出来。

第四项数据是提前期，决定着每种物料何时开工、何时完工。

应该说，这四项数据都是至关重要、缺一不可的。缺少其中任何一项或任何一项中的数据不完整，物料需求计划的制订都将是不准确的。因此，在制订物料需求计划之前，这四项数据都必须先完整地建立好，而且保证是绝对可靠的、可执行的数据。

（三）物料需求计划的基本计算步骤

一般来说，物料需求计划的制订是遵照先通过主生产计划导出有关物料的需求量与需求时间，然后，再根据物料的提前期确定投产或订货时间的计算思路。其基本计算步骤如下：

1．计算物料的毛需求量

根据主生产计划、物料清单得到年内所有物料品目的毛需求量。

2．净需求量计算

根据毛需求量、可用库存量、已分配量等计算出每种物料的净需求量。

3．批量计算

由相关计划人员对物料作出批量策略决定，表明有无批量要求，需要分几批采购。

4．下达计划订单

指通过以上计算后，根据提前期生成计划订单。物料需求计划所生成的计划订单，要通过能力资源平衡确认后，才能开始正式下达计划订单。

（四）物料需求计划实现的目标

1．及时取得生产所需的原材料及零部件，保证按时供应用户所需产品。

2．保证尽可能低的库存水平。

3．计划企业的生产活动与采购活动，使各部门生产的零部件、采购的外购件与装配的要求在时间和数量上精确衔接。

MRP 主要用于生产型产品的制造业。在实施 MRP 时，与市场需求相适应的销售计划是 MRP 成功的最基本的要素。

第四节　企业财务管理

财务管理是在一定的整体目标下，关于资产的购置（投资）、资本的融通（筹资）和经营中现金流量（营运资金）以及利润分配的管理。财务管理是企业管理的一个组成部分，它是根据财经法规制度，按照财务管理的原则，组织企业财务活动，处理财务关系的一项经济管理工作。我们这里重点介绍 ERP 沙盘中涉及的筹资和全面预算的管理。

一、筹资活动

企业进行生产经营活动，必须要有一定数额的资金，企业资金的需要量即称为筹资规模。一个成长中的企业因扩大生产经营，往往产生扩张性筹资动机，也就是要追加筹资规模。合理的筹资规模既是企业资金投放的前提，又直接影响企业的经济效益。

（一）确定筹资规模的原则

企业确定筹资规模的原则主要有以下几个方面：

1．合理性原则

企业筹集的资金数量应根据生产经营活动的正常需要确定，即筹资规模要适度。筹资过多，易造成闲置浪费；筹资不足，则影响生产经营活动的正常进行。

2．效益性原则

筹资的目的是为了运用，并使其发挥最佳使用效益。因此，企业应根据投资方向、投资回收期及未来的收益能力、获取现金流量的能力等因素综合考虑，即筹资规模要经济有效。

3. 数量与时间配比原则

在现实经济生活中，往往有这样的情形：一是所筹资金早于或迟于所需资金的时间进入企业，二是所筹资金的占用时间长于或短于所需资金的时间。由此而引起资金数量与时间上的不协调。只有筹资数量与时间相配合，才能使筹资恰到好处。

(二) 筹资的主要方式——银行借款

由于 ERP 沙盘仅仅涉及银行借款这种筹资方式，所以我们这里仅介绍这种方式，但其实企业进行筹资的方式是多种多样的。

银行借款是企业向银行或其他金融机构等借入的需要还本付息的款项，按偿还期限的长短可分为长期借款和短期借款。

长期借款是指企业向银行或其他金融机构等借入的期限在 1 年以上（不含 1 年）的各种借款。长期借款主要用于企业基本建设、更新改造、科技开发和新产品试制等方面。

长期借款筹资的优点主要有：筹资速度快、借款弹性较大、借款筹资成本较低、可以发挥财务杠杆的作用。在投资报酬率大于借款利率的情况下，企业将会因财务杠杆的作用而得到更多的收益。长期借款筹资的缺点主要有：筹资风险较高、限制性条款比较多、筹资数量有限。

短期借款是指企业向银行或其他金融机构等借入的期限在 1 年以下（含 1 年）的各种借款。短期借款主要用于解决企业临时或季节性的资金需求。

短期借款筹资的优点主要有：借款弹性较大；筹资速度快；与长期借款相比，获得短期借款所需的时间较短。短期借款筹资的缺点主要有：筹资风险高；筹资成本较高；在带有诸多附加条件的情况下，实际利率高于名义利率。

(三) 财务杠杆

财务杠杆即企业在进行筹资结构决策时对债务筹资的利用。运用财务杠杆，企业可获得财务杠杆利益，同时要承受相应的财务风险。财务杠杆利益是指利用债务筹资而给企业所有者带来的额外收益。在企业资本规模和资本结构一定的条件下，企业从息税前利润中支付的债务利息是相对固定的。当息税前利润增加时，扣除相对固定的债务利息，缴纳所得税后的净利润就会增加，从而给企业所有者带来额外的收益。

这里我们可以计算财务杠杆系数，用来反映财务杠杆的作用程度，估计财务杠杆利益的大小，评价财务风险的高低。

财务杠杆系数是普通股每股收益的变动率相当于息税前利润变动率的倍数。

其计算公式为：

$$DFL = (\Delta EPS \div EPS)/(\Delta EBIT \div EBIT)$$

式中：DFL 表示财务杠杆系数；ΔEPS 表示普通股每股收益变动额；EPS 表示基期每股收益；$\Delta EBIT$ 表示息税前利润变动额；EBIT 表示基期息税前利润。

又设：I 表示债务利息；N 表示流通在外普通股股数；T 表示所得税税率，则：

$$EPS = (EBIT - I) \times (1 - T) \div N$$

因为利息费用相对固定不变，则：

$$DFL = \frac{[\Delta EBIT(1-T) \div N] \div [(EBIT - I) \times (1-T) \div N]}{\Delta EBIT \div EBIT}$$

$$= \frac{\Delta EBIT \div (EBIT - I)}{\Delta EBIT \div EBIT} = \frac{EBIT}{EBIT - I}$$

从此公式中可以看出：

财务杠杆系数表明息税前利润变动所引起的每股收益的变动幅度。如果息税前利润增加，由于财务杠杆的作用，每股收益就会以更快的速度增加；反之，如果息税前利润减少，每股收益则会以更快的速度减少。也就是说，财务杠杆具有"双刃剑"作用。

在资本总额、息税前利润相同的情况下，负债比率越高，财务杠杆系数就越高，财务风险就越大，但每股收益也增长越快。也就是说，企业期望获取财务杠杆利益，就需承担由此引起的财务风险。因此，企业必须在财务杠杆利益与财务风险之间作出权衡，合理安排企业的筹资结构。

二、全面预算

所谓预算，是指以货币作为计量手段，将决策的目标具体地、系统地反映出来的过程。一般企业为了实现其经营目标都要实行全面预算，而财务预算是全面预算中的一个构成部分，要通过其他预算才能编制。

（一）全面预算的内容

全面预算是由一系列预算构成的体系，全面预算按其涉及的内容分为总预算和专门预算。总预算是指预计的损益表、资产负债表和现金流量表，它们反映企业的总体状况，是各种专门预算的综合。专门预算是指其他反映企业某一方面经济活动的预算。专门预算按其涉及的业务活动领域分为销售预算、生产预算和财务预算。前两个预算统称业务预算，用于计划企业的基本经济业务。财务预算是关于资金筹集和使用的预算，包括短期的现金收支预算等。

企业预算是各级部门工作的奋斗目标、协调工具、控制标准、考核依据，在经营管理中发挥着重大作用。

（二）全面预算的编制方法

下面就各预算在固定预算法下的编制进行介绍（以一年预算为例）：

1. 销售预算

遵循"以销定产"的原则，销售预算是编制全面预算的基础和关键，是全面预算的起点。该预算是通过对企业未来产品销售情况所作的预测，推测出下一预算期的产品销售量和销售单价，求出预计的销售收入。其公式如下：

预计销售收入＝预计销售量×预计销售单价

在销售预算中主要列示全年和分季度的预计销售数量和销售收入。由于在销售过程中并不完全是现销业务，所以在销售预算的正表下，通常还附有预计的现金收入的计算表，为以下编制现金预算提供必要的资料。

2. 生产预算

生产预算是根据销售预算编制的。但本期的生产量除了满足预算期的销售外，还应考虑到预算期期初和期末的存货水平，以避免存货太多，形成资金的积压、浪费；或存货太少，影响下一季度销售活动的正常进行。预算期生产量计算公式如下：

预计的生产量 ＝ 预计销售量 ＋ 预计期末存货量 － 预计期初存货量

3. 直接材料预算

直接材料预算的编制以生产预算为基础，同时考虑预算期期初、期末库存材料的因素编制的。直接材料生产需要量同预计采购量之间的关系可按下列公式计算：

预计采购量 ＝ 预计生产量 × 单位产品用料 ＋ 期末库存材料量 － 期初库存材料量

由于在 ERP 沙盘模拟课程中采购完全是现金支出，可以为编制现金预算提供必要的资料。

4. 直接人工预算

直接人工预算也是以生产预算为基础进行编制的。其计算公式为：

直接人工预算额 ＝ 预计产量 × 单位产品直接人工小时 × 小时工资率

直接人工在 ERP 沙盘模拟课程中也是以现金直接支付，因此也能为编制现金预算提供资料。

5. 制造费用预算

制造费用预算包括变动制造费用和固定制造费用预算。不同性态的制造费用，其预算的编制方法也不完全相同。变动制造费用与生产之间存在着线性关系，其计算公式为：

变动制造费用预算额 ＝ 预计产量 × 单位产品预定分配率

固定制造费用与生产量之间不存在线性关系，其预算通常是根据上年的实际水平，经过适当调整而形成的。

6. 期末产成品存货预算

产成品存货预算是生产预算、直接材料预算、直接人工预算、制造费用预算的汇总。编制期末存货预算是为了综合反映预算期内生产单位产品的成本，同时也为了正确计量预算期的发出存货成本和期末存货水平。期末存货的计价方法，一般采用加权平均法或先进先出法。其计算公式为：

预计期末产成品存货成本 ＝ 预计期末产成品存货量 × 单位成本

7. 销售及管理费用预算

销售及管理费用预算包括预算期内将发生的制造费用以外的各项费用，其费用明细项目要按成本性态分为变动费用与固定费用两类。该预算编制方法与制造费用预算的编制相同。该预算的费用一般都以现金支付，所以为编制现金预算直接提供资料。

8. 现金预算

现金预算主要反映预算期内预计的现金收支的详细情况，是各项经济活动有关现金收支方面的汇总反映，也可以说是最重要的一个预算，也是 ERP 沙盘模拟课程中主要需要编制的一个预算。如果现金汇总后，发现现金多余，就要考虑怎样来使用多余的资金，以保证其盈利性和流动性；如现金不足，应考虑如何筹集资金，如向银行借款等。

一般来说，一份现金预算应包括以下四个组成部分：

（1）现金收入

现金收入部分包括期初的现金余额和预算期的现金收入。产品销售收入是取得现金收入的最主要来源。

（2）现金支出

现金支出部分包括预算期内预计的各项现金支出，如前述的材料、工资和费用方面的支出，除此以外，还包括上缴所得税、支付股利等现金的支出。

（3）现金的多余或不足

现金的多余或不足部分列示现金收入合计与现金支出合计之间的差额，差额为正，说明收大于支，现金有多余；差额为负，说明收小于支，现金不足。

（4）资金的筹集和运用

根据上述的结余情况，若资金不足，可采取向银行借款等方式筹措资金；若现金多余，则可以考虑购买证券、还本付息等。

现金预算是企业现金管理的重要工具，它有助于企业合理地安排和调动资金，降低资金的使用成本。

9．预计利润表

预计利润表是根据上述预算表的有关资料进行编制，以综合反映预算期内预计的销售收入、销售成本和预计可实现的利润或可能发生的亏损。该利润一般是按变动成本法计算的。

10．预计资产负债表

预计资产负债表反映预算期期末概括的财务状况。它是以前期期末资产负债表为基础，根据前述预算表的有关资料加以汇总和调整而编制的。

第二篇　运行篇

第四章 初始状态设定

第一节 企业概述

对企业经营者来说，接手一个企业时，需要对企业有一个基本的了解。ERP 沙盘模拟分为手工沙盘和电子沙盘两种方式，电子沙盘由于是以新创设的企业作为初始状态，一切重新开始，而手工沙盘不是从创建企业开始，而是接手一个已经运营了三年的企业，因此，手工沙盘就存在一个初始状态的设定问题，此处重点介绍手工沙盘的初始状态。

一、模拟企业简介

该企业是一个典型的离散制造型企业，唯一盈利来源是销售产品以获取利润。长期以来一直专注于某行业 P 系列产品（P1、P2、P3、P4）的生产与经营。近年来生产的 P1 产品在本地市场销售，知名度很高，客户也很满意。企业拥有自己的厂房，其中安装了三条手工生产线和一条半自动生产线，运行状态良好。

二、模拟企业的组织机构

该企业目前的组织机构如图 4-1 所示。

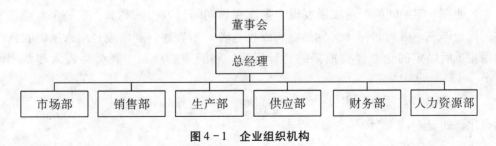

图 4-1 企业组织机构

三、企业的财务现状

财务状况是指企业资产、负债、所有者权益的构成情况及其相互关系。企业的财务状况由企业对外提供的主要财务报告——资产负债表来表述。资产负债表是根据资产、负债、所有者权益之间的相互关系，即"资产＝负债＋所有者权益"的恒等关系，按照一定的分类标准和一定的次序，把企业特定日期的资产、负债、所有者权益三项会计要素所属项目予以适当排列，并对日常会计工作中形成的会计数据进行加工、整理后编制而成的，其主要目的是为了反映企业在某一特定日期的财务状况。通过资产负债表，可以了解企业所掌握的经济资源及其分布情况，了解企业的资本结构，分析、评价、预测企业的短期偿债能力和长期偿债能力，正确评估企业的经营业绩。

在"ERP沙盘模拟"实战中，按实战所涉及的业务对资产负债表中的项目进行了适当的简化，如表4-1所示。

表4-1　　　　　　　　　　　资产负债表　　　　　　　　　编报单位：百万元

资产	期末数	负债和所有者权益	期末数
流动资产：		负债：	
现金	20	长期负债	40
应收账款	15	短期负债	
在制品	8	应付账款	
成品	6	应付税金	1
原料	3	一年内到期的长期负债	
流动资产合计	52	负债合计	41
固定资产：		所有者权益：	
土地及厂房	40	股东资本	50
生产设施	13	利润留存	11
在建工程		年度净利	3
固定资产合计	53	所有者权益合计	64
资产总计	105	负债和所有者权益总计	105

四、企业的经营状况

企业在一定期间的经营成果表现为企业在该期间所取得的利润，它是企业经济效益的综合体现，由利润表（又称损益表或收益表）来表述。利润表是用来反映收入与费用相抵后确定的企业经营成果的会计报表。利润表的项目主要分为收入和费用两大类。

在"ERP沙盘模拟"实战中，按实战所涉及的业务对利润表中的项目进行了适当的简化，如表4-2所示。

表4-2　　　　　　　　　　　利润表　　　　　　　　　　编报单位：百万元

项目	本期数	对应利润表的项目
销售收入	36	主营业务收入
直接成本	14	主营业务成本
毛利	22	主营业务利润
综合费用	9	营业费用、管理费用

表4-2(续)

项目	本期数	对应利润表的项目
折旧前利润	13	
折旧	5	利润表中的管理费用、营业费用及主营业务成本已含折旧,这里折旧单独列示
支付利息前利润	8	营业利润
财务收入/支出	4	财务费用
额外收入/支出		营业外收入/支出
税前利润	4	利润总额
所得税	1	所得税
净利润	3	净利润

五、股东期望

从历年盈利来看,该企业增长已经放缓,表4-2所示上一年盈利仅为300万元。生产设备陈旧,产品、市场单一,企业管理层长期以来墨守成规地经营,导致企业已缺乏必要的活力,近乎停滞不前。

最近,一家权威机构对该行业的发展前景进行了预测,认为P产品将会从目前的相对低水平发展为一个高技术产品。鉴于此,公司董事会及全体股东决定将企业交给一批新人去发展,他们希望新的管理层能把握时机,抓住机遇:

(1) 投资新产品的开发,使公司的市场地位得到进一步提升。
(2) 开发本地市场以外的其他新市场,进一步拓展市场领域。
(3) 扩大生产规模,采用现代化生产手段,获取更多的利润。
(4) 增强企业凝聚力,形成鲜明的企业文化,强化团队建设,提高组织效率。

第二节 初始状态设定

从前企业资产负债表和利润表两张财务报告中可以了解企业的财务现状及经营状况,但不能得到更为细节的内容,如长期借款何时到期、应收账款何时回笼等。为了让大家有一个公平的竞争环境,需要统一设定模拟企业的初始状态。

从表4-1可看出,我们接手经营的企业总资产为1.05亿元(模拟货币单位105M,M表示百万元,下同),因此各组目前拥有105个单位1百万的币值(灰币)。其中流动资产52M,固定资产53M,负债41M,所有者权益64M。

一、认识沙盘"语言"

如图4-2所示,认识了沙盘"语言"后,下面就按照资产负债表上各项目的排列顺序将企业资源分布状况复原到沙盘上,复原的过程中最好请各个角色各司其职,从熟悉本岗位工作开始。

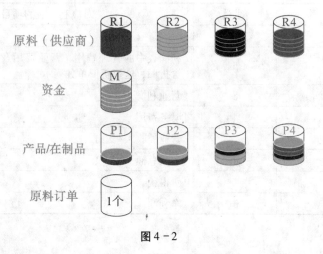

图 4-2

二、流动资产 52M

流动资产包括现金、应收账款、存货，其中存货又分为在制品、成品和原料。

（一）现金 20M

请财务主管拿出一满桶灰币（计 20M）放置于现金库位置。

（二）应收账款 15M

为获得尽可能多的客户，企业一般采用赊销策略，即允许客户在一定期限内缴清货款，而不是货到即付款。在模拟过程中，我们假定应收账款最长为 4 个账期（即 4 个季度的时间）目前该模拟企业的应收账款为 3 个账期（3Q，Q 表示季度，下同）的应收账款 15M。请财务主管拿出 15 个灰币，置于应收账款 3 个账期位置。

（三）在制品 8M

在制品是指处于加工过程中尚未完工入库的产品。大厂房里有 3 条手工生产线、1 条半自动生产线，每条生产线上各有 1 个 P1 在制品。手工生产线的生产周期为 3 期，靠近原料库的为第一生产周期，3 条手工生产线上的 3 个 P1 在制品分别位于第一、二、三生产周期。半自动生产线的生产周期为 2 期，P1 在制品位于第一生产周期。

在模拟过程中，我们假定 P1 产品成本由两部分构成：R1 原材料费 1M 和人工费 1M。生产人员需将 1 个原料（红币）和 1 个人工费（灰币）构成 1 个 P1 产品放置于 P1 产品处。由生产主管、采购主管和财务主管配合制作 4 个 P1 产品摆放到生产线上的相应位置。

（四）产成品 6M

P1 成品库中有 3 个产成品，每个产成品同样由 1 个 R1 原材料费 1M 和人工费 1M 构成。由生产主管、采购主管和财务主管配合制作 3 个 P1 产成品并摆放到 P1 成品库中。

（五）原料 3M

　　R1 原料库中有 3 个 R1 原料，每个价值 1M。由采购主管取 3 个空桶，每个空桶中分别放置 1 个 R1 原料（红币），并摆放到 R1 原料库。

　　除以上需要明确表示的价值之外，还有已向供应商发出的采购订货，预订 R1 原料 2 个，采购主管将 2 个空桶放置到 R1 原料订单处。

三、固定资产 53M

　　固定资产包括土地及厂房、生产设施、在建工程等，其中土地及厂房在此实战中专指厂房，生产设施指生产线，在建工程指未建设完工的生产线。

（一）大厂房 40M

　　该企业现有一个价值 40M 的大厂房，请财务主管将等值资金的灰币用桶装好放置于大厂房处。

（二）设备价值 13M

　　该企业创办 3 年来，已购置了 3 条手工生产线和一条半自动生产线，扣除折旧，目前手工生产线账面价值为 3M，半自动生产线账面价值为 4M，没有在建工程。请财务主管取 4 个空桶，分别放进 3M、3M、3M、4M 等值的灰币，并放置于生产线下方的"生产线净值"处。

四、负债 41M

　　负债包括短期负债、长期负债和各项应付款，其中短期负债主要指短期贷款、高利贷等；长期负债主要指长期贷款；各项应付款包括应交税费、应付货款等。

（一）长期贷款 40M

　　该企业现有长期贷款 40M，其中 4 年期的长期贷款 20M，5 年期的长期贷款 20M，财务主管需将 2 个能装满 20M 的空桶分别放置于长期贷款处第四年和第五年的位置上。目前企业没有短期负债。

（二）应交税费 1M

　　企业上一年税前利润 4M，按规定需交 1M 税费。税费在下一年度缴纳，此时沙盘盘面上不做对应操作。

五、所有者权益 64M

　　所有者权益包括股东资本、利润留存、年度净利等。股东资本是指股东的投资，利润留存是指历年积累下来的年度利润，而年度净利是指当年度的净利润。

　　该企业股东资本 50M，利润留存 11M，年度净利 3M。

　　四个职能中心初始状态设定，如图 4-3、图 4-4、图 4-5、图 4-6 所示。

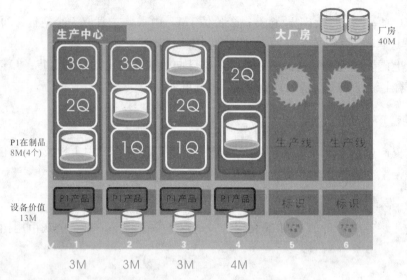

图 4-3 生产中心初始设定

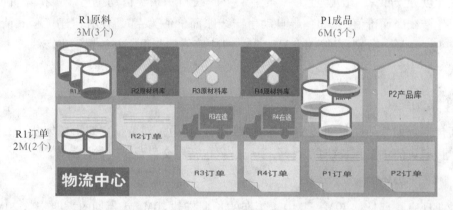

图 4-4 物流中心初始设定

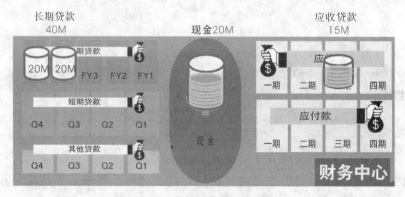

图 4-5 财务中心初始设定

图4-6 营销与规划中心初始设定

第五章　模拟竞争规则

　　初始状态的设定为 ERP 沙盘模拟中的虚拟企业明确了经营起点，而模拟竞争规则为整个实战过程提供了既定的制度背景。企业的管理由生产运作、市场营销、财务筹划、战略制定等职能活动组成，其功能的发挥受到企业内外部各种客观条件的制约，遵循市场经济的运行规律是企业实现可持续发展的基本前提，将这一逻辑运用到 ERP 沙盘模拟中，就是企业间的竞争行为应该要在具体的约束框架内进行。在直面真实企业管理环境的基础上，人为设定的各项竞争规则是保证 ERP 沙盘模拟有效开展的必要条件。本章在竞争模拟实战开始之前，以用友 ERP 电子沙盘模拟规则为蓝本，按照"输出—输入—过程"的顺序，着重解释了市场规则、运营规则、筹资规则的内涵，而将有关保障、判断、记录、激励性质的规则合并放到其他规则中单独进行了阐释。模拟企业只有熟悉和掌握了竞争规则，才能合法合理地经营，并在此基础上科学地利用竞争规则，实现预期战略愿景。

　　需要注意的是，用友公司设计的电子沙盘规则较之手工沙盘规则有一定的差别，本教材将两者进行了统一，以电子沙盘规则为主，将许多软件后台的运行过程显性化，并结合手工沙盘进行操作上的说明。

第一节　市场规则

一、市场划分

　　市场是检验企业产品输出质量和形成声誉品牌的场所，企业的生产耗费通过产品的销售获得现金流得以弥补，没有了市场需求的支撑，企业将失去其创值和反哺的资金来源。根据 ERP 沙盘模拟规则，可供模拟企业选择开发的市场有：本地市场、区域市场、国内市场、亚洲市场、国际市场。现代营销观认为企业生产哪种产品，生产多少产品，销售多少产品取决于市场和顾客的需求，企业在制定营销战略之前必须首先明确目标市场。开发哪一个市场需要企业根据实际经营情况，自主作出是否开发的决策。

二、市场开发与市场准入

　　明确了企业面临的市场类型之后，接下来就是逐次或同时开发生产营销能力与购买容量配比的各个市场，表 5-1 从开发费和开发时间角度给出了不同类型的市场开发与准入规则。企业在有意进入某个市场时，需要对当地的经济社会发展状况、居民消费习惯、人均购买水平、市场容量等情况进行调研，从而作出是否进行市场开发的决策。若该市场具有开发潜力，则还必须展开营销策划、招聘人员、设立团队、公关运作等相关前期工作。表5-1中，由于企业与市场之间的空间地理距离不同，从本地市场到国际市场，企业市场开发的难度越来越大，需要的开发时间也呈递增趋势，其目的是为了让企业对即将要进入的市场做好充分的准备，当在开发时间按期投入规定的资金量后，企业就具有了市场准入的资格。

表5-1　　　　　　　　　　**市场开发与市场准入规则**

市场	开发费	开发时间
本地市场	1M/年	1年
区域市场	1M/年	1年
国内市场	1M/年	2年
亚洲市场	1M/年	3年
国际市场	1M/年	4年

规则说明：

（1）各市场独立存在，但开发可同时进行，允许中断或停止。

市场独立存在，指不同类型市场开发间的投资互不影响，如要进入区域市场，1年投资1M即可完成开发，而要进入国内市场，则需要2年投资2M，其中1年只能投资1M。

市场开发可同时进行，指只要企业具备了足够的开发能力，预期能够完成相应的开发目标，就可以同时开发两个或两个以上市场，如企业可以同时开发区域市场和国内市场。同时开发的优点在于：一方面，可以共享开发所需资源，实现情报知识、团队人员、技术设备等的共享，最大限度地节省成本；另一方面，当生产能力充足，处于卖方市场的情况下，有助于企业快速地占领市场，提高市场占有率，成为市场老大，建立品牌口碑的先发优势。其缺点在于：同时开发往往容易使管理层陷入到盲目扩张的误区之中，特别是在没有合理判断市场容量和自身生产能力的情况下，市场开发缺乏必要的资源支持，在耗费了大量资金、人力和时间成本之后无法取得成功，造成沉没成本的浪费。因此，尤其是在面临需要大规模投资的市场开发类型选择时，企业的营销总监必须要慎重评价目标市场的发展潜力，财务总监和生产总监要科学评价企业供给能力，作出符合企业发展实际的市场类型开发决策。

市场开发允许中断或停止，指企业在开始市场开发之后，由于内部资源保障机制不健全或者外部市场环境的变化，导致市场开发无法继续进行，那么企业可以选择中断或终止市场开发。如企业决定同时开发国内市场和亚洲市场，在第1年向两个市场各投入1M。在第2年，由于资金链的供给出现问题，暂时拿不出闲置资金继续开发国内市场，因此，企业决定暂时搁置国内市场的开发计划，将其往后顺延1年；而对于亚洲市场的开发可行性分析出现严重错误，因此，企业决定舍弃1M的期初沉没成本，彻底放弃对亚洲市场的开发。在第3年，企业通过销售产品，在本地市场和区域市场上回笼了现金，遂决定继续开发国内市场，投入资金 1M，至此国内市场的开发时间和开发金额已累计达到 2 年和 2M，企业获得国内市场的准入资格。

（2）每个市场的年投资额固定在 1M，开发费用按开发时间在年末平均支付，不允许加速投资。

年投资额固定在 1M，指每年向每个市场只能投资 1M，不允许超前或加速投资。市场开发决定了企业产品的销路和现金的回流，如果开发出现失误，不仅会带来巨额的沉没成本，还会影响企业未来的营销规划，因此，市场开发必须循序渐进，逐年定额投资，以确保开发达到预期效果。如国内市场的开发需要两年时间和 2M 的投资成本，不能一次性投入 2M，而应该每年定额投入 1M，累计开发两年达到 2M 的投资总额后，才获得进入国内市场的资格。

（3）市场开发完成后方可获得相应的市场准入证，才能参加市场竞单。

企业进入某个市场销售产品、获得参加销售会议资格的前提条件是完成市场开发。如企业同时开发国内市场和亚洲市场，在第 2 年的投资结束后，企业完成了对国内市场的开发，因此，获得参加国内市场销售会议的资格；在第 3 年的投资结束后，企业进一步完成了对亚洲市场的开发，获得在亚洲市场上竞单的资格。

（4）一般而言，不允许跳跃式地开发市场。

从区域市场到国际市场，随着地理距离越来越远，企业的资源控制力度随之减弱，市场开发的难度在递增，需要的资金投入越来越多，对企业管理幅度和效率的要求逐渐提高，因此，从理论上来讲，一般而言不允许企业跳跃式地开发市场。如不允许企业同时开发区域市场和国际市场，或企业一开始就开发国际市场。

（5）市场开发完成后必须维持每年 1M 的固定投资。

当某个市场开发完成后，企业可能会暂时面临资金不足的情况，缺乏大量资金进行广告投资。在这种情况下，企业也必须投入每年 1M 的资金，维持市场上基本的正常运转，否则视为放弃该市场，以后再次进入时需要重新开发。

三、销售会议与市场竞单

根据 ERP 沙盘模拟规则规定，当企业市场开发完成后，获得市场准入资格，可以在市场上销售产品。企业销售产品的渠道是一年一度的销售会议，由企业营销总监代表企业与客户见面，根据广告投入、市场地位等谈判力标准，决定市场竞单的顺序。但是需要注意的是，优先选择订单不一定意味着企业一定能够争取到正确的订单，甚至经常有可能出现的情况是市场老大优先选取订单，但却因为判断失误，选取的订单要么超出自身生产能力，要么没有兼顾到付款方式，导致资金流断裂等，最终使得企业反而失去了市场老大的地位。

模拟企业在选取订单时，要明确销量最大、利润最多的订单不一定是最适合企业的，一般要综合考虑到以下几个方面的因素：①自身的产能状况。基本原则是只接受企业有能力完成的订单，尽量避免违约损失，必要时也可以采用委外加工。②产品的附加要求。如订单要求加急，订单只能由具有 ISO 9000 或 ISO 14000 资质的企业生产等。③付款方式对企业回流现金的影响。订单是全额现金交付，还是以应收账款的形式交付，企业是否急需回笼现金，销售折扣以及现金折扣条件等。④产品的定价与广告投入的配比。尽量用最低的广告投入获得最多的销售额和最大的现金盈利空间。⑤各个市场订单的优化组合。正确决策订单在各个市场的分布，如在具有先发优势的市场，可采取在各个产品上都投放一定量的广告费，获取大量订单，先建立起市场老大地位的策略；在竞争对手数量较多，竞争程度白热化的市场，可采取集中在 1~2 个产品的广告费投放，尽量选择利润率较高订单的策略。⑥竞争企业的动向。了解竞争企业的资质、广告投入、市场准入、现金流量等基本情况，必要时可以通过合理的筹划，削弱竞争者的市场地位。企业通过综合评价上述整体条件，可以选取到最有利于企业可持续经营的订单。

规则说明：

（1）尽管企业可能尚未购置更多的厂房或生产线，也可能尚未进行产品开发，获得产品生产资格证，但不影响参加相应产品的年初销售会议，只要企业判断能够在以后通过对资源的整合，顺利完成订单即可。

（2）订单选取的顺序安排一般可归纳为"市场老大—本市场本产品广告投入量—本市场全部产品广告投入量—上年订单销售额（即市场销售排名）—系统自动抽签"。

在某市场上无违约，且所有产品总订单销售额最大，在目标接单产品上至少投入 1M 广告费的企业即为市场老大，市场老大具有优先选单权。若不止一个企业符合市场老大的条件，则老大随机确定。如果上年市场老大违约或破产，则按没有市场老大的情况处理：先按在市场上这一产品广告投入量的多少，依次选择订单；如果两家企业在市场上对这一产品的广告投入量相同，则按在市场上全部产品的广告投入量多少来决定选单顺序；若全部产品的广告投入量也相同，则看上年市场销售排名决定；如仍无法决定，则系统自动抽签确定选单顺序。注意第 1 年无订单和市场老大，刚开发的新市场也没有市场老大。

企业为产品投入初始 1M 的广告费用，就拥有一次选单机会，每个企业每轮拥有一次选单机会，先按上述顺序进行一轮选单以后，可以继续第二轮的选单，顺序同第一轮，当然选单机会用完的企业则退出接下来的选单，直到订单选完为止。若有企业放弃某轮选单的权利，则在本轮中不得再次选单，但在该市场下一轮选单中可以继续选单。

例 5-1：在国内市场上 P1 产品的广告投放和销售情况如表 5-2 所示。

表 5-2 　　　　　　　　国内市场上 P1 产品的广告投放和销售情况

企业	P1 广告投入	广告投入总和	上年销售排名	是否违约
A	3M	3M	1	否
B	4M	4M	3	否
C	4M	5M	5	否
D	5M	5M	2	否
E		4M	1	否
F	4M	4M	4	否

国内市场 P1 产品的选单过程为：

首先，由 A 企业选单。这是因为尽管 A 企业和 E 企业上年销售排名并列第一，但是 E 企业没有对 P1 产品进行广告投资，因此排除 E 企业；A 企业在国内市场上无违约，且上年销售排名第一，投入 3M 广告费用在 P1 产品上，可见 A 企业即为市场老大，具有优先选单权。

其次，由 D 企业选单。这是因为 D 企业在 P1 产品上投入的广告费用最多（5M）。

第三，由 C 企业选单。尽管 B 企业、C 企业、F 企业在 P1 产品上投入的广告费用均为 4M，但是 C 企业的广告投入总和大于 B 企业、F 企业（5M＞4M），因此，C 企业优先选单。

第四，由 B 企业选单。由于 B 企业和 F 企业在 P1 产品的广告投入和广告投入总和均相等，因此，需要比较上年销售排名情况，可见 B 企业排名较 F 企业靠前。

第五，由 F 企业选单。

第六，进入第二轮选单，由 A 企业先选，因为 A 企业对 P1 产品广告投入为 3M，A 企业多获得一次选单机会。

……

（3）销售会议一年一次，年初召开，会议上广告投入和订单发放按市场、分产品进行。

销售会议只在年初举行一次，销售会议上争取到多少订单，就说明企业在接下来的一年里需要完成的工作量。如果在销售会议上的决策出现失误，企业在一年内不再有补救的机会。此外，广告投入和订单发放是按市场、分产品进行的，如某企业只对国内市场上的 P2 产品投入广告费 3M，对亚洲市场的 P1 产品投入广告费 2M，相应地，企业只能对国内市场上的 P2 产品和亚洲市场上的 P1 产品进行竞单。订单按从本地市场到国际市场，从 P1 产品到 Pn 产品的顺序依次发放。

（4）广告初始投入 1M 获得一次选单资格，以后每多投入 2M 多获得一次选单机会。

如 A 企业对 P1 产品在国内市场的广告初始投入为 1M，拥有了一次选单机会；若追加 2M 投资，则拥有了两次选单机会；若追加投资到 7M，则拥有四次选单机会，当然四次选单机会不一定都能用得完，需要根据订单数量来决定。有选单资格的企业在每轮选单中只能选择一张订单，第一轮选单结束后，如果有剩余的订单，还有选单资格的企业可以继续按选单顺序进行选单。

（5）ISO 资格认证。

ISO 9000 质量体系认证是由国家或政府认可的组织以 ISO 9000 系列质量体系标准为依据进行的第三方认证活动。自 1987 年问世以来，为了适应质量竞争的需要，企业纷纷采用这一标准在企业内部建立质量管理体系，并申请 ISO 9000 认证，强化以品质为核心的输出效果，扩大市场份额。ISO 14000 环境管理系列标准是国际标准化组织（ISO）继 ISO 9000 标准之后推出的又一个标准，目的是通过规范企业和社会组织的环境行为，节省资源、减少污染、改善环境质量，促进全球经济可持续发展。

ISO 资格认证是对企业质量管理效果的肯定，获得了 ISO 资格意味着企业与顾客之间达成了有关产品质量以及环境质量保证的默契合意，顾客更倾向于选择购买具有 ISO 标志的商品，而尽早获得 ISO 资格认证的企业也将更具市场竞争力。在 ERP 沙盘模拟中，ISO 资格认证的规则如表 5-3 所示。

表 5-3　　　　　　　　　　　　ISO 资格认证规则

认证	ISO 9000	ISO 14000
所需时间	2 年	2 年
每年所需投资	1M/年	2M/年

表 5-3 中，企业完成 ISO 资格认证必须花费一定的开发时间，耗费投资成本，完成 ISO 9000 和 ISO 14000 认证均需要 2 年的开发时间，2M 和 4M 的投资成本。类似市场开发与市场准入规则，ISO 9000 和 ISO 14000 资格认证每年的投资额分别固定在 1M 和 2M，不允许超前或加速投资；两项认证开发均独立存在，但可以同时进行；不具备继续开发的条件下，可以中断投资或停止投资；按照规则要求完成开发后即可获得相应的 ISO 资格证，无须再缴纳维护费，若中途停止使用，资格继续保持以供今后年份需要时使用；只有获得相应的 ISO 资格认证以后，才能在市场中投入 ISO 宣传费，进而争取对产品具有特殊 ISO 生产要求的市场订单。

注意只要取得 ISO 资质的企业在某个市场上投入 ISO 宣传费 1M，就可以争取该市场上所有产品具有特殊 ISO 生产要求的市场订单。这与分产品投入广告有区别，如 A 企业取得了 ISO 9000 的产品质量认证，并在国内市场上投入了 1M 的 ISO 广告宣传费，因此，在国内市场上所有产品 P1、P2…Pn 的竞单中，A 企业都有资格争取具有特殊 ISO 生产要求的市场订单。

（6）交单可提前，不可推后，必须按订单要求整单交货，否则计为违约，受到相应处罚。

订单的类别分为三种：普通订单、加急订单、ISO 订单（如图 5-1、图 5-2、图 5-3 所示）。普通订单，指任何交货期均可交货；加急订单，指第一季度必须交货；ISO 订单是只有具有 ISO 资质，并投放了 ISO 广告费用的企业才可以获得。注意账期 T 若为 0，表示现金付款，若 T>0，则表示企业完成订单后，获得 T 个季度的应收账款。

时间　　市场类型	时间　　市场类型	时间　　市场类型
产品数量： 产品单价： 总金额： 账期：	产品数量： 产品单价： 总金额： 账期：	产品数量： 产品单价： 总金额： 账期：
	加急	ISO 9000 ISO 14000

图 5-1　普通订单　　　　　　图 5-2　加急订单　　　　　　图 5-3　ISO 订单

订单上给出了市场需要的产品数量、产品单价、总金额、账期、订单特殊要求等信息，企业可以根据自身的资金周转、生产能力、利润空间等情况灵活选择合适的订单，按照订单的要求在规定季度或提前整单交货，应收账期从交货季开始算起，如果无法完成订单，则需要受到以下处罚：

①下一年市场地位下降一级，若为市场老大的，则市场老大空缺；

②收回违约订单；

③扣除订单额 20%（向下取整）作为违约金。

例 5-2：A 企业在第 3 年是市场老大，获得了一张产品数量为 20 个单位、总金额为 20M 的订单，但是却因为产能估算失误，在交货时无法提交 20 个单位的产品，属于违约行为。因此，在第 4 年时，A 企业失去市场老大地位，不再拥有优先选单的权利，市场选单按没有市场老大的情形处理，同时 A 企业被收回这张订单，并且缴纳 20 × 20% =4M 的违约金。

四、操作说明

（1）市场开发时，将每年 1M 现金放在"市场准入"位置，当按照要求完成开发后，持开发费用到指导教师处领取市场准入证，并放在盘面"市场准入"位置；类似，ISO 资格认证开发时，将每年 1M 或 2M 现金放在"ISO 证书"位置，当 ISO 资格认证开发完成后，持开发费用到指导教师处领取 ISO 资格证。

（2）竞单表的填写：竞单表是企业进行市场竞单的凭证。表 5-4 是 ERP 沙盘模拟中所使用的竞单表示例，要求企业按市场分产品将广告费分别填写在相应的栏内，如果想要取得 ISO 订单，则还需要进行 ISO 认证，并投入相应的 ISO 广告费 1M。

表 5-4　　　　　　　　　　　竞单表示例

第二年　A 企业　国内市场			
产品	广告费	ISO 9000	ISO 14000
P1	1M	1M	
P2			
P3	3M		

（3）市场开发投资和 ISO 认证投资计入当年综合费用。

（4）账期为 0Q 的订单可随时交货，市场总监携产品、销售订单到交易处交货，领取现金；并计入当季度的应收账款到期。

（5）订单放单：有两种放单方法可供选择，一是按企业的订单需要量放单，二是按市场的订单供给量放单。如对 P1 产品的订单需要量为 5 张，而市场的订单供给量为 6 张，按第一种方法则只发放 5 张订单，具体哪 5 张由放单者决定；按第二种方法则拿出 6 张订单供模拟企业选择，剩下的 1 张由放单者收回。若只有 A 企业生产 P1 产品，则 P1 产品的订单全部发放给 A 企业。

第二节 运营规则

一、固定资产投资：厂房购买、租赁与出售

具备生产场地是企业开展生产经营活动的必要条件，尤其是对位于产业链上游的生产制造型企业而言，适当规模的厂房是企业发展所需的最基本的固定资产，厂房的获得既可以购买，也可以租赁，当企业破产需要处置固定资产或企业发展需要扩大生产规模时，则涉及现有厂房的出售。根据 ERP 沙盘模拟规则，厂房购买、租赁与出售规则如表 5-5 所示。

表 5-5   厂房购买、租赁与出售规则

厂房类型	购买价格	租金	出售价格	生产线容量
大厂房	40M	5M/年	40M（4Q）	6 条
小厂房	30M	3M/年	30M（4Q）	4 条

注：为简化操作，厂房不计提折旧。

1. 规则说明

（1）默认模拟企业在自主经营前拥有一间大厂房。

（2）厂房购买只能在年末规定时间进行，如果已经租赁厂房，年末想要购买，当年厂房租金可不再缴纳，只需支付购买价款即可。

（3）是否支付租金以运行到"支付租金"项目时，厂房中是否有生产线为标准：若有生产线，尽管是在最后一个季度才投资的，仍需要缴纳租金；若没有生产线，尽管是在最后一个季度才出售的，则不需要缴纳租金。

（4）企业可在每个季度规定的时间按出售价格出售厂房，不能得到现金，而是 4 个账期的应收账款。紧急情况下，厂房可贴现。

（5）租入厂房一年后可作租转买、退租等处理，续租系统自动处理。

2. 操作说明

（1）购买厂房时将现金放到厂房价值位置，就表示企业拥有了该厂房；租赁厂房时将现金放到综合费用区的租金项下，就表示企业租赁了该厂房。

（2）出售厂房时，由财务总监携运行记录本、应收账款登记表和厂房价值到交易处办理手续，交易处收回厂房价值的同时，发放给企业四个账期的应收账款欠条，并登记。

二、固定资产投资：生产线购买、维护与转产、出售

企业有了厂房还不够，如果没有生产线，仍然无法生产出市场需要的产品，因此企业必须购买生产线。生产线是为实现生产效率的提高而设计的流水线，日常的运作

随着时间的流逝、开工的磨损需要企业进行维护，以确保或者延长生产线的使用寿命。当生产线转而生产其他产品时，企业又面临着生产线的转产，当生产线已经老化或者不再符合企业需要时，可以将其出售。根据 ERP 沙盘模拟规则，生产线购买、维护与转产、出售规则如表 5-6 所示。

表 5-6　　　　　　　　生产线购买、维护与转产、出售规则

生产线	购买价格	安装周期	生产周期	转产周期	转产费用	维修费用	残值
手工线	5M	无	3Q	无	无	1M/年	1M
半自动	10M	2Q	2Q	1Q	1M	1M/年	2M
自动线	15M	3Q	1Q	1Q	2M	1M/年	3M
柔性线	20M	4Q	1Q	无	无	1M/年	4M

1. 规则说明

（1）默认模拟企业在自主经营前拥有 3 条手工生产线和 1 条半自动生产线。

（2）每条生产线同时只能有一个产品在线生产，每条生产线都可以生产全部产品，如手工生产线可以生产 P1、P2…Pn，柔性生产线也可以生产 P1、P2…Pn，只是生产效率有所区别，企业要根据交货时间，本着充分利用生产能力的原则科学组合。当生产线需要用于生产另一种产品时，需要投入转产费用。

（3）生产线规则：每条生产线单独计提折旧，折旧计提规则如表 5-7 所示。

表 5-7　　　　　　　　　　生产线折旧计提规则

生产线	原值	残值	折旧额				
			建成第 1 年	建成第 2 年	建成第 3 年	建成第 4 年	建成第 5 年
手工线	5M	1M	0M	1M	1M	1M	1M
半自动	10M	2M	0M	2M	2M	2M	2M
自动线	15M	3M	0M	3M	3M	3M	3M
柔性线	20M	4M	0M	4M	4M	4M	4M

（4）时间规则：当年投资的生产线价值计入在建工程，当年不计提折旧；当年建成和当年出售的生产线不计提折旧；完成规定年份的折旧后，生产线可继续使用，此时不必再计提折旧。

（5）数量规则：按平均年限法计提折旧；生产线剩余的残值可以保留到出售为止。

例 5-3：A 企业在第 2 年 4 季度完成对 1 条自动生产线的全部投资，在第 3 年 1 季度该条自动生产线正式建成，折旧计提情况如表 5-8 所示。

表 5-8   A 企业折旧计提示例

时间	原值	当年折旧	累计折旧	净值	说明
第 2 年		0			生产线尚未正式建成
第 3 年	15M	0		15M	生产线建成当年不计提折旧
第 4 年	15M	3M	3M	12M	生产线折旧计提规则
第 5 年	15M	3M	6M	9M	生产线折旧计提规则
第 6 年	15M	3M	9M	6M	生产线折旧计提规则
第 7 年	15M	3M	12M	3M	生产线折旧计提规则

（6）购买生产线时，将购买价格按安装周期平均投资，全部投资到位后的下一个季度领取产品标识，生产线可以开始运作，用于生产产品。资金短缺时，可暂停投资，在以后的任何季度可继续投资，直到生产线建成。

例 5-4：A 企业在第 2 年的 1 季度开始建设自动生产线，由表 5-6 可知，购买自动生产线需要 15M 的资金和 3Q 的安装周期。但是在第 2 年 3 季度时，由于 A 企业资金运转紧张，因此，暂停一个季度的投资。第 2 年 4 季度继续投资，到了第 3 年的 1 季度，自动生产线的投资额度和安装周期均达到要求，生产线建设完成，开始生产产品。A 企业的建设进度如图 5-4 所示。

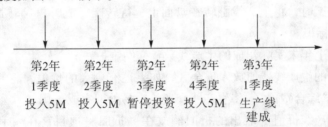

图 5-4　A 企业的自动生产线建设进度

（7）建成的生产线不能随意在厂房内或厂房间进行移动，并且企业间不允许购买生产线。

（8）每种生产线的维护费均为 1M/年，维护费的交纳分四种情况：当年在建和当年出售的生产线不必交维护费；生产线安装完成的当年，不论是否马上使用，都必须交纳维护费；正在转产的生产线必须交纳维护费；折旧计提完毕的生产线可以继续使用，不再计提折旧，但仍需交纳维护费。

例 5-5：A 企业在第 2 年 1 季度开始投资建设柔性生产线，4 个季度的安装周期结束后企业完成对生产线的投资。但是按照规则，在第 3 年 1 季度，生产线才算正式建成，可以投入生产，因此，在第 2 年年末，生产线尚属于在建阶段，企业不需要交纳该条柔性生产线的维护费。在第 3 年年末，生产线已经建成，企业需要交纳该条柔性生产线的维护费，尽管可能它的生产能力并没有完全开发。

例 5-6：A 企业在第 2 年 4 季度将 1 条手工生产线出售，因此，在第 2 年年末，企业不需要交纳该条手工生产线的维护费。

例 5-7：A 企业在第 2 年 4 季度决定将 1 条半自动生产线转产，按照规则尽管该条生产线要到第 3 年 1 季度才算正式完成转产，可以生产其他产品，但在第 2 年年末，企业仍需为该条转产中的生产线交纳维护费。

（9）转产生产线时，必须先停止生产线上已有产品的生产，将转产费用按转产周期平均投资，全部投资到位后的下一个季度完成转产，更换产品标识，生产线可以开始运作，用于生产其他产品。

例 5-8：A 企业在第 3 年的 4 季度通过市场调查，发现 P3 产品的市场销路更好，遂决定停止用自动生产线生产 P2 产品，转而生产 P3 产品。企业需要进行的操作是在第 3 年的 4 季度首先停止自动生产线上 P2 产品的生产，并投入 2M 的转产费用，由于自动生产线的转产周期只需 1Q，因此，在第 4 年的 1 季度即实现转产，领取 P3 产品标识，开始生产 P3。

（10）不论何时出售生产线，价格为残值，净值与残值之差计入损失。

例 5-9：A 企业打算在第 3 年 4 季度出售在第 2 年 4 季度建成的一条自动生产线，由于自动生产线在建成当年不需要计提折旧，因此，该条自动生产线在出售当时的净值应该为 12M（15M-3M），大于残值 3M，按照规则，将 9M 计入损失。

2. 操作说明

（1）生产线建成时将现金放到设备价值位置，就表示企业拥有了该生产线。

（2）转产停工时，将生产线翻转在盘面上，待转产完成时再翻转过来，并向交易处领取新的产品标识。

（3）按盘面上年末实际建成的生产线数量交纳维护费。

（4）将出售的生产线残值放入现金区，如果还有剩余的价值，将其放入"其他费用"，记入当年"综合费用"，将生产线交还给交易处即完成出售。

（5）将从生产线价值中取出的折旧额放在"折旧"项目，在"利润表"中进行计算。

三、流动资产投资：产品开发

企业在配备了厂房和生产线等固定资产后，接下来的任务就是生产产品，生产产品的前提除了获得由建成生产线换取的产品标识外，经过产品开发获得产品生产资格证是必需的下一个步骤。当代企业的竞争与其说是产品的竞争，不如说是产品价值含量的竞争，而要生产出高价值的产品，开发正是促使产品链向技术高端发展的知识驱动。越来越多的企业已经认识到了产品的开发能力是决定未来发展潜力的关键因素。根据 ERP 沙盘模拟规则，产品开发规则如表 5-9 所示。

表 5-9 产品开发规则

产品	开发投入总额	每季度开发投入	开发周期
P1	2M	1M	2Q
P2	4M	1M	4Q

产品	开发投入总额	每季度开发投入	开发周期
P3	6M	1M	6Q
P4	12M	2M	6Q

1. 规则说明

(1) 各产品开发独立存在，但开发可同时进行，允许中断或停止。

(2) 产品开发不允许超前或加速投资，必须按照各产品规定的每季度开发投入进行投资，达到累计总额要求和开发周期后，方可获得相应的产品生产资格证，下个季度开始生产产品。

(3) 尽管获得产品生产资格证是生产相应产品的必要条件，但是不影响参加产品的销售会议。

例5－10：A企业在第1年1季度开始开发P3产品，当第2年年初召开一年一度的销售会议时，企业尚未完成P3产品的开发，但企业经过对生产线生产能力、原材料库存等有效资源的评估，认为企业再需2Q的时间就可完成对P3产品的开发，接下来企业完全有能力加足马力，保证资源供给，按时保质地完成订单，因此，企业仍然可以对P3产品投入广告费用，争取P3产品的订单。

2. 操作说明

(1) 将每季度开发投入的现金放在生产资格位置，开发投资计入当年综合费用。

(2) 投资完成后，持投资现金到交易处换取产品生产资格证。

四、流动资产投资：产品构成与产品生产

当企业从交易处获得了产品标识和产品生产资格证后，就可以生产相应的产品了。企业是否能在竞争激烈的市场环境中生存并发展，实际上取决于各种产品被顾客认同和接受的程度，企业正是通过生产活动，为社会和顾客创造价值，履行社会公民责任，实现自身的"造血"功能。因此，模拟企业尤其要熟悉ERP沙盘模拟规则中关于产品构成和产品生产的内容，因为它既决定着产品链的上游——产品开发和原材料采购需求，同时也决定着产品链的下游——订单的顺利完成和市场销路的开拓。

1. 规则说明

P1、P2、P3、P4产品的原材料构成及产品成本结构如表5－10所示。

表5－10　　　　　　　　　　**产品原材料构成及产品成本结构**

产品	原材料构成			原材料成本	加工成本
P1	1R1			2M	1M
P2	1R2	1R3		3M	1M
P3	1R1	1R3	1R4	4M	1M
P4	1R2	1R3	2R4	5M	1M

注：R1、R2、R3、R4的单位价值都是1M，具体参见原材料采购规则。

表 5-10 中，原材料 R1、R2、R3、R4 的单位价值都是 1M，根据产品原材料构成，得到了四种产品各自的原材料成本，它类似变动成本。此外，任何类型的生产线都能生产所有产品，只是生产效率有高有低，但这不影响加工成本的支付，当产品要上线生产时，都需要支付相同的加工成本，均为 1M，它类似固定成本。由此原材料成本（流动成本）＋加工成本（固定成本）＝产品总生产成本。

2. 操作说明

（1）红币代表 R1、橙币代表 R2、蓝币代表 R3、绿币代表 R4，灰币代表加工成本。

（2）按产品构成将原材料放在生产线上，并支付加工费即可开始生产。

例 5-11：A 企业在第 2 年初销售会议前，召开管理层会议，商讨企业今年的生产能力和可供销售的产品数量，因为只有明确了这两点，A 企业才能在销售会议上选择符合自己需求的订单，既不过分保守，选择销量很小的订单，浪费了生产能力；也不过分自信，选择销量很大的订单，导致企业无法完成订单的生产，不能顺利交货。已知 A 企业目前拥有 4 条手工生产线，3 条半自动生产线，1 条自动生产线，1 条柔性生产线，全部用于生产 P1 产品，年初有 P1 库存成品 5 件，A 企业可以在当年任何时候委托 B 企业帮忙外协加工 P1 产品 8 件。在会议上，生产总监向管理层提交了 A 企业的生产能力计划表（如表 5-11 所示）和可供销售的产品数量。

表 5-11　　　　　　　　　A 企业第 2 年度生产能力计划表

生产线类型	年初在制品状态	各季度完成的生产			
		1	2	3	4
手工生产线 I	无在制品				产品下线
手工生产线 II	在制品 1 件（1Q）			产品下线	
手工生产线 III	在制品 1 件（2Q）		产品下线		
手工生产线 IV	在制品 1 件（3Q）	产品下线			产品下线
半自动生产线 I	无在制品			产品下线	
半自动生产线 II	在制品 1 件（1Q）		产品下线		产品下线
半自动生产线 III	在制品 1 件（2Q）	产品下线		产品下线	
自动生产线	无在制品		产品下线	产品下线	产品下线
柔性生产线	在制品 1 件（1Q）	产品下线	产品下线	产品下线	产品下线

注："年初在制品状态"一栏的括号内数字表示在制品已经完成多少个季度的生产。

由表 5-11 可知，A 企业第 2 年度的当年产量为 17 件，可供销售数量＝期初库存数＋当年产量＋委托外包产量＝5＋17＋8＝30（件）。

A 企业的当年产量除采用上述列表法可以直观地得到，也可以采用公式法进行计算：

若年初有在制品：生产线的年产能＝可生产期数÷生产线的生产周期

若年初无在制品：生产线的年产能 = (可生产期数 - 1) ÷ 生产线的生产周期

手工生产线年产能 = (可生产期数 - 1) ÷ 生产线的生产周期 + 3 × (可生产期数 ÷ 生产线的生产周期) = (4 - 1) ÷ 3 + 3 × (4 ÷ 3) = 1 + 4 = 5 (件)

半自动生产线年产能 = (可生产期数 - 1) ÷ 生产线的生产周期 + 2 × (可生产期数 ÷ 生产线的生产周期) = (4 - 1) ÷ 2 + 2 × (4 ÷ 2) = 1.5 + 4 = 5.5 (件)

自动生产线年产能 = (可生产期数 - 1) ÷ 生产线的生产周期 = (4 - 1) ÷ 1 = 3 (件)

柔性生产线年产能 = 可生产期数 ÷ 生产线的生产周期 = 4 ÷ 1 = 4 (件)

综上，所有生产线年产能 = 5 + 5.5 + 3 + 4 = 17.5 (件)，经过向下取整，当年产量为 17 件。

五、流动资产投资：原材料采购

企业开始生产产品时，首当其冲的问题是原材料的采购，如果企业无法按时采购齐全生产所需原材料，会直接影响产品生产进度，甚至整条生产线停工等料，若不能按照订单要求交货，企业将会受到惩罚，进而累及市场声誉。而如果企业过多地采购超出需要的原材料，又会造成原材料积压，增大库存负担和成本。因此，原材料采购关系到企业产品链的输入，以及整个产品链的运行。根据 ERP 沙盘模拟规则，原材料的采购分为两个步骤进行：首先要下订单，其次要实际购买入库，在实际购买入库和下订单之间有一个订料提前期（如表 5 - 12 所示）。

表 5 - 12　　　　　　　　　原材料订料提前期

原材料	订料提前期	单位价格
R1	1Q	1M
R2	1Q	1M
R3	2Q	1M
R4	2Q	1M

1. 规则说明

(1) R1 和 R2 必须提前 1 个季度订货，R3 和 R4 必须提前 2 个季度订货，订货时不付款。

(2) 没有下订单的原材料不能采购入库，所有下订单的原材料必须按订单要求采购入库，支付价款或计入应付款，不得拖延。

2. 操作说明

(1) 用空桶表示原材料订货，将其放在相应订单上，记入采购登记表订购数量的栏目。

(2) 下单时需填写采购订单登记表，采购总监必须携运行记录表和采购订单登记表到交易处登记，完成订购手续。

(3) 原材料入库时，必须到交易处支付现金或应付款购买原材料，并登记采购登记表采购入库的栏目。

例5－12：A 企业拥有 2 条手工生产线用于生产 P1 产品，1 条半自动生产线和 1 条自动生产线用于生产 P2 产品，年初企业有原材料库存 R1 和 R2 各 1 件，生产排程从第 2 年 3 季度到第 3 年 3 季度止，生产排程情况如表5－13所示。

表 5－13　　　　　　　　　　　　　　生产排程表

时间 生产线	第2年 3季度	第2年 4季度	第3年 1季度	第3年 2季度	第3年 3季度
手工生产线Ⅰ	P1				P1
手工生产线Ⅱ	——		P1	P1	
半自动生产线	P2	P2	P2		
自动生产线				P2	P2

由于 P1 ＝1R1，P2 ＝1R2 ＋1R3，可见 A 企业要完成生产，需要的原材料有 R1、R2 和 R3，R1 和 R2 必须提前 1 个季度订货，R3 必须提前 2 个季度订货，根据生产排程表，计算得出原材料采购表（如表5－14所示）。

表 5－14　　　　　　　　　　　　　　原材料采购表

时间 生产线	第2年 1季度	第2年 2季度	第2年 3季度	第2年 4季度	第3年 1季度	第3年 2季度	第3年 3季度
手工生产线Ⅰ		1R1				1R1	
手工生产线Ⅱ				1R1	1R1		
半自动生产线	1R3	1R2、1R3	1R2、1R3	1R2			
自动生产线				1R3	1R2、1R3	1R2	
所需原材料	1R3	1R1、1R2、1R3	1R2、1R3	1R1、1R2、1R3	1R1、1R2、1R3	1R1、1R2	
期初库存	1R1、1R2	1R1、1R2					
原材料预订数	1R3	1R3	1R2、1R3	1R1、1R2、1R3	1R1、1R2、1R3	1R1、1R2	

第三节　筹资规则

如果说市场营销致力于解决企业输出的问题，而生产运作致力于解决企业输入的问题，那么筹资则是保证企业输出和输入之间的过程顺利进行的管理活动。当企业在发展过程中，遇到难得的商业机遇，需要投入大笔的资金，此时自有资金如果不充足，企业就必然面临着向外部筹资的决策。如果在适当的时候，以最小的资本成本筹集到了所需资金，企业就能抓住商业机遇，也许这就是企业从此蓬勃发展的拐点；但是如果因为没有融资渠道、诚信记录不佳、资本成本负担过重等原因，没有及时筹集到足够的资金，企业很可能将会错失商业机遇，可见筹资实际上是企业"输血"功能的实现。"输血"环节是"造血"功能发挥的基础，而"造血"功能又将反哺"输血"环节，使得企业能够积累到更多的资本，更容易地融取到所需资金，为产品生产提供强有力的支撑，由此产业循环和金融循环、实物循环和资本循环形成良性的互动。

企业开始筹资时，面临的第一个问题就是如何选择筹资方式，到底企业是选择举债融资，还是发行股票融资、融资租赁、短期商业信用等其他融资形式，取决于企业对其个别资本成本的估算和判断，企业的目标是以最小的资本成本融取到最多的资金。ERP沙盘模拟规则将企业的融资过程进行了简化，由于模拟企业无法上市发行股票募集资金，因此模拟企业的融资渠道实际上相当有限，基本上局限于债权融资，具体方式包括四种：长期贷款、短期贷款、应收账款贴现、库存拍卖。长期贷款是指企业借入的期限在一年以上的贷款，用于满足企业长期资金占用的需要。短期贷款是指企业借入的期限在一年以内的贷款，用于满足企业临时流动资金占用的需要。企业在无法取得长期贷款和短期贷款时，还有两种融资方式可供选择：应收账款贴现和库存拍卖。筹资规则如表5-15所示。

表5-15　　　　　　　　　企业筹资规则

筹资方式	筹资时间	筹资限额	年息	还款方式
长期贷款	每年年初	和为权益三倍	10%	年初付息,到期还本,10倍数
短期贷款	每季度初		5%	到期一次还本付息,20倍数
应收账款贴现	任何时间	视应收账款数量而定	1/8(3,4) 1/10(1,2)	变现时贴息 (向上取整)
库存拍卖	原材料九折,成品原价(向下取整)			

一、规则说明

1. 长期贷款

时间规则：每年只在年初有一次长期贷款的机会，最多贷5年。

限额规则：长期贷款加上短期贷款的和为权益的3倍，并以10的倍数申请（向下取整）。

付息规则：每年年初付息，当年新增长期贷款当年不支付利息，从下一年开始支付利息，当年偿还的长期贷款当年仍要支付利息。

还款规则：到期还本，利本双清后，若还有贷款额度，才允许重新申请贷款，不能以新贷还旧贷，不允许提前还款，结束年时可不必归还尚未到期的长期贷款。

例5-13：A企业经营到第3年时，发现产品的市场销路看涨，急需购置新的生产线，以加大生产能力，满足市场需求。因此，A 企业在第 3 年初，向银行提出长期贷款申请。已知企业现有短期贷款 20M，权益为 10M，根据长期贷款加上短期贷款的和为权益的 3 倍这一限额规则，企业此次最多可以贷 10M 长期贷款。企业遂决定向银行贷款 10M，期限为 5 年，在第 4 年初支付 1M 的利息。假设按单利计算，第 5 年初、第 6 年初、第 7 年初均须支付利息 1M，直到第 8 年初还本，并支付利息 1M。

2. 短期贷款

时间规则：每季度初有一次短期贷款机会，最多贷 1 年，不足 1 年的按 1 年计息。

限额规则：长期贷款加上短期贷款的和为权益的 3 倍，并以 20 的倍数申请（向下取整）。

付息规则：到期付息。

还款规则：到期还本，利本双清后，若还有贷款额度，才允许重新申请贷款，不能以新贷还旧贷，不允许提前还款，结束年时可不必归还尚未到期的短期贷款。

例 5 - 14：A 企业在第 3 年 2 季度末，急需一笔原材料购置费，否则就会停工待料，A 企业管理层决定在第 3 年 3 季度初向银行短期贷款，以解燃眉之急。已知 A 企业第 2 年的所有者权益为 20M，已有长期贷款 20M，根据筹资限额规则，企业此次最多可以贷 40M 的短期贷款，企业遂决定向银行贷款 40M，期限为 1 年，在第 4 年 3 季度初还本（40M）付息（$40 \times 5\% = 2M$，按单利计算）。

3. 应收账款贴现

时间规则：任何时间均可贴现应收账款。

贴息规则：1、2 季，贴现率为 1/10；3、4 季，贴现率为 1/8。

例 5 - 15：A 企业在第 2 年 1 季度，缺少 12M 的广告费用，但此时恰逢一年一度的销售会议，只有针对产品投入了广告费用，才能获得竞单的机会，否则将会坐等到明年才能再次竞单。因此，A 企业当机立断，决定将数额为 14M、还有 2 季到期的一笔应收账款马上贴现兑换现金，尽管会损失 2M（$14/10 = 1.4$，向上取整）的贴息，但是却可以立即获得现金 12M，解决了企业广告费用不足的难题。

4. 库存拍卖

在急需资金，而又缺乏融资渠道时，可以选择将库存进行拍卖。

拍卖规则：原材料按九折拍卖，成品按原价拍卖。

二、操作说明

（1）获得贷款时，将其放在盘面的对应位置，随着时间的推移，往前依次按格移动，当超出贷款区时，则表示需要偿还本金。

（2）贴现所得现金存入现金库或银行，贴息放在综合费用区的"其他：贴息栏"，计入财务支出。

第四节 其他规则

在 ERP 沙盘模拟中，除了市场规则、运营规则、筹资规则三大典型的职能规则以外，还存在一类具有保障、判断、记录、激励性质的规则，具体包括：企业的纳税和缴费标准，对企业是否破产的判定，各种运行凭证的记录规定以及模拟经营绩效的评比方法等。企业只有按规则履行了作为社会公民的应尽义务和付出了正常生产经营的必需代价，才能保障市场营销、生产运作、筹资投资活动的顺利进行，而如果企业的管理策略出现失误，企业则很可能面临破产风险，或者为了不恰当的操作而付出惨痛的代价。这要求模拟企业的所有管理人员必须及时登记并更新记录信息，随时作好对数据信息的分析处理，在需要时提供所需资料帮助企业管理层作出正确的决策，最终在 ERP 沙盘模拟中获得好成绩。那么如何缴纳税费、界定企业是否破产、科学地登记和传递记录信息以及评价模拟企业经营绩效呢？我们将这部分难以划入前三类职能规则范畴的标准在这里单独作一解释。

一、综合费用和税金规则

（一）费用类规则说明

（1）每季度必须缴纳 1M 的行政管理费，信息费 1M/次。

（2）市场开发投资、广告投资、ISO 认证开发投资、厂房租金、生产线转产投资、生产线维护费、产品开发投资、管理费等计入综合费用，利息和贴息费用计入财务支出。

（二）税金规则

（1）企业采购原材料与销售产品所得均须缴纳增值税，税率为 17%。

（2）城市建设维护税税率 7%，教育费附加的计提比率为 3%。

（3）企业销售不动产和无形资产均须缴纳营业税，税率为 5%。

（4）企业所得税税率为 25%，每年所得税计入应付税费，在下一年初缴纳。

（5）扣税向上取整。

其中，所得税计算公式为：

若上年所有者权益小于 64（初始状态），税金 =（上年所有者权益 + 本年税前利润 − 初始年末所有者权益）×25%

若上年所有者权益大于 64（初始状态），税金 = 本年税前利润 ×25%

例 5 − 16：A 企业上年所有者权益为 56M，本年税前利润为 12M，计算 A 企业本年应缴纳的所得税税金。

由于 A 企业上年所有者权益小于 64，因此税金 =（56 + 12 − 64）×25% = 1M，A 企业本年应缴纳的所得税税金为 1M。

若把已知条件更改为"A 企业上年所有者权益为 70"，则税金 = 12 ×25% = 3M，A

企业本年应缴纳的所得税税金为 3M。

若把已知条件更改为"本年税前利润为 80M",则税金 = （56 + 80 - 64）×25% = 18M，A 企业本年应缴纳的所得税税金为 18M。

关于缴纳所得税的规则还有：

广告费支出不得超过当年销售收入的 15%，超出的部分要进行纳税调整。

产品开发费用可以按当年发生费用金额的 50% 加计扣除。

企业纳税年度发生的亏损，可以向以后年度结转，用以后年度的所得弥补，但结转年限最长不得超过 5 年，盈利时按弥补以前年度亏损后的余额计提所得税。

二、破产规则

破产标准为模拟企业资不抵债（当年资产负债表上所有者权益小于零）或现金断流（现金为零）。破产企业由裁判视情况适当增资后继续经营；为了确保破产企业不至于太多而影响模拟经营的正常进行，破产企业每年投放的广告费用不能超过 6M，必须严格按照产能争取订单，向裁判提供产能报告；破产企业不参加最后成绩排名。

三、信息记录规则

模拟企业中的每个角色都有各自需要记录的运行手册和登记表，如财务总监有借还贷款记录，生产总监有生产状况记录，市场总监有产品开发记录等。每个角色在模拟经营过程中都被赋予了一定的职权，同时也有明确的工作任务。其中一个重要的任务就是实时按顺序记录运行任务，比如首席执行官按照任务清单中指示的顺序发布执行指令，任务完成后在相关任务栏内画钩，每年新年度规划会议后，需要制定新年度经营规划，并记录在经营计划的"年初计划指标"一栏中，上交裁判审定；每年度经营结束后，将本年度执行效果及差距分析记录到经营计划的"执行效果"和"差距分析"中。生产总监记录生产状态各项数据的变化、在制品上下线情况。采购总监和市场总监汇总期间数据，记录原材料、产成品入库出库情况，提交决策辅助报告等。当需要办理业务时，各个角色携自己的运行手册和相关登记表到交易处进行办理。信息记录规则如表 5 - 16 所示。

表 5 - 16 信息记录规则

运行记录	填写人	工作任务
借还贷款记录	财务总监	携记录和运行手册到交易处登记，审核无误后借还贷款。
原材料订单及采购记录	采购总监	携记录、运行手册、现金到交易处登记本期购买原材料和下期原材料订单，交易员核对订单登记数量后交易。
交货记录	销售总监	携产品、订单、运行手册到交易处交货，收取应收账款欠条，并在《应收账款登记表》上登记，欠条置于应收区相应账期处。

运行记录	填写人	工作任务
应收兑现记录	财务总监	当应收款到期时，在《应收账款登记表》的到期季度中填写到款数，并携运行手册、欠条和《应收账款登记表》到交易处兑现，交易员核准后兑换现金，收回欠条，登记监察软件。
产品市场开发、ISO 认证记录	销售总监	年末填写费用明细表，提交裁判登记，开发完成后，经交易所核准，发放相应标识。
生产状态记录	生产总监	每季度末记录生产状态，填写《生产及设备状态记录表》。
现金收支记录	财务总监	在任务清单每一任务项目的记录格中记录现金收支数据。
上报报表	财务总监销售总监	在规定时间上报《产品销售统计表》、《综合费用明细表》、《利润表》、《资产负债表》。

资料来源：根据《企业管理 ERP 沙盘模拟教程》，夏远强，叶剑明主编，电子工业出版社，2007，第 93 页，"运行记录"整理所得。

四、绩效评比规则

要评定参与 ERP 沙盘模拟的企业经营优劣，首先需要对其绩效进行量化。根据规则，绩效计算公式为：企业绩效＝所有者权益×（1＋企业综合发展潜力/100），公式中的"所有者权益"指模拟企业结束年的所有者权益，这个数值可以直接从结束年的资产负债表上取得，而"企业综合发展潜力"需要根据表5－17 列示的规则计算所得。模拟经营结果按企业绩效的高低排名，排名高者为优胜。

表 5－17　　　　　　　企业综合发展潜力系数计算规则

大厂房	+15/厂房
小厂房	+10/厂房
手工生产线	+5/条
半自动生产线	+10/条
自动/柔性生产线	+15/条
区域市场开发	+10
国内市场开发	+15
亚洲市场开发	+20
国际市场开发	+25
ISO 9000 认证开发	+10
ISO 14000 认证开发	+10
P2 产品开发	+10
P3 产品开发	+10

表5 – 17（续）

P4 产品开发	+ 15
结束年本地市场第一	+ 15
结束年区域市场第一	+ 15
结束年国内市场第一	+ 15
结束年亚洲市场第一	+ 15
结束年国际市场第一	+ 15

需要扣分的情形：

（1）运行超时扣分

若不能在规定时间完成广告投放或不能在规定时间完成当年经营，则按总分1分/分钟（不满1分钟按1分钟算）计算罚分，最多不能超过5分钟。如果到5分钟后还不能完成相应的运行，将取消其参与资格。

（2）报表错误扣分

必须按规定时间上交报表，且必须账实相符、报表平衡，若报表错误，则按总分1分/次计算罚分，并重新修订。

注意：必须对上交报表时间作规定，延误交报表即视为错误一次。由运营超时引发延误交报表视同报表错误并扣分。

（3）盘面不实扣分

考虑到商业情报的获取，每年运行完成后，必须按照当年末结束状态，将运行结果摆在沙盘上，以便现场各队收集情报。如果盘面与报表不符，扣1分/次。

（4）不按规则操作扣分

不按规定流程进行操作，不如实填定表单，如擅自超前投资、产品提前下线、生产线安装提前完成、未交税等，一经核实，视情节轻重，扣1~5分/次。

（5）其他违规扣分

对裁判正确的判罚不服从；在模拟经营期间通过不正当手段获取商业情报；其他严重影响比赛正常进行的活动，如有以上行为者，视情节轻重，扣2~5分/次。

不能加分的情形：

（1）企业购入的生产线，只要没有生产出一个产品，不能加分。

（2）市场、产品、ISO认证在开发过程中，不能加分。

（3）已经放弃的市场不能获得市场开发加分。

（4）结束年不能交货的取消市场第一加分。

五、特殊规则

（1）紧急采购，付款即到货，原材料价格为直接成本的2倍；成品价格为直接成本的4倍。

（2）库存折价拍卖，生产线变卖，紧急采购，订单违约记入损失。

（3）在电子沙盘系统中，任务角色分为超级管理员、管理员和学生三类。用超级管理员身份登录后，可以进行的操作包括：数据初始化、系统参数、数据备份、管理员列表和管理员日志，其中：数据初始化用于设置队伍支数；系统参数用于重要参数设定（如表 5-18 所示）；数据备份用于对所有角色操作过程和结果进行备份；管理员列表用于对管理员进行添加或删除；管理员日志用于记录管理员操作。用管理员身份登录后，可以进行的操作包括：用户列表、排行榜、经营分析、组间交易、公共信息、数据备份。

表 5-18　　　　　　　　　　　重要参数设定

违约扣款百分比	20 %	最长长期贷款年限	5 年
库存折价率（产品）	100 %	库存折价率（原料）	90 %
长期贷款利率	10 %	短期贷款利率	5 %
贷款额倍数	3 倍	初始现金（股东资本）	60 M
贴现率（1、2 期）	10 %	贴现率（3、4 期）	12.5 %
管理费	1 M/季	信息费	1 M/次
紧急采购倍数（原料）	2 倍	紧急采购倍数（产品）	4 倍
所得税率	25 %	最大经营年限	6 年
选单时间	60 秒	选单补时时间	25 秒
间谍有效时间	600 秒	间谍使用间隔	3000 秒
市场老大	存在		

第六章　竞争模拟实战

对 ERP 沙盘模拟课程的运营规则有了了解后，就需要我们进入实际的运行阶段。对于初次接触沙盘的同学来说，如何按照分工来各自进行操作，无疑是感到陌生的；手工沙盘的操作对于起步阶段的同学非常适合，它形象直观、趣味性和灵活性强，而且操作过程更适合全组同学共同参与。有了手工操作的基础，才能对电子沙盘的操作和原理有清晰的了解。因此，本书在介绍竞争模拟实战运营程序的时候，以手工沙盘为例进行介绍，让同学们先有一个整体直观的概念，在后面操作电子沙盘的时候理解就更深刻。

第一节　教学年操作概述

由于同学们第一次接触 ERP 沙盘，对整个沙盘的运营流程和规则都感到很陌生，在这种情况下如果匆忙让同学开始自己操作，很容易漏洞百出，出现许多差错，因此在手工沙盘的开始，我们设计了一个教学年的环节，在这个环节同学们主要是熟悉如何摆盘，如果记账。由老师作为前任管理层带领同学们作为新一代管理层按照同样的操作流程生产运营一年，使得各个模拟经营团队进一步熟悉规则，明确企业的经营管理流程，也达到规范运行流程的目的。由于所有小组的操作都是一模一样的，所以在教学年年末的状态大家也是一样的，这样在进行下一年流程的时候各组仍然是站在同一起跑线上。

在教学年的时候，我们假设各个企业：不进行任何贷款、不投资新的生产线、不进行产品研发、不购买新厂房、不开拓新市场、不进行 ISO 认证、每季度下 1 个 R1 原料的采购订单、生产持续进行。

如表 6－1 所示，下面是教学年的业务流程处理表，按表上的操作顺序严格执行。

表6-1   业务流程处理表（手工沙盘教学年）

操作顺序	沙盘运营流程	现金收支记录（涉及现金收入记为正数，支出记为负数，如没有涉及现金收支则打√表示已操作，打×表示未操作）		
年初	新年度规划会议			
	广告投放			
	参加订货会选单/登记订单			
	支付应付税			
	支付长期贷款利息			
	更新长期贷款/归还长期贷款			
	申请长期贷款			
1	季初盘点			
2	更新短期贷款/短期贷款还本付息			
3	申请短期贷款			
4	原材料入库/更新原料订单			
5	下原料订单			
6	购买/租用厂房			
7	更新生产/完工入库			
8	新建/在建/转产/租赁/变卖生产线			
9	紧急采购原料（随时）			
10	开始下一批生产			
11	更新应收款/应收款收现			
12	紧急采购产成品（随时）			
13	按订单交货			
14	产品研发投资			
15	厂房——出售（买转租）/退租/租转买			
16	新市场开拓/ISO资格投资			
17	支付管理费			
18	出售库存			
19	厂房贴现			
20	应收款贴现			
21	季末盘点			
年末	缴纳违约订单罚款			
	支付设备维护费			
	计提折旧			（ ）
	新市场/ISO资格换证			
	结账			

第二节　教学年操作流程

下面我们对照业务流程处理表，按照此表的内容来依次介绍运行流程。需要注意的是，财务总监必须在每一步涉及现金收支的时候在表上做好记录，收入用正数表示，支出用负数表示。没有涉及现金收支的步骤由首席执行官在表格内用"√"或"×"表示是否经过了此步骤。

一、年初及第一季度

（1）新年度规划会议

由首席执行官带领大家召开新年度的规划会议，制定或调整企业发展战略、营销战略、固定资产投资规划、融资规划等。教学年由于是按照统一的操作步骤进行，所以我们在这里不进行规划会议的讨论，仅仅在新年度规划的相应表格内打"√"。

（2）广告投放

这个步骤由各企业在附表的广告投入单上提交今年本企业在各市场各产品上分别投入的广告费，只有投放了广告费，才有资格在相应市场相应产品上去争取订单。教学年每个模拟企业都投入 1M 广告费。财务总监在业务流程处理表中写入"－1"，表示现金支出，同时从现金库中取 1M 现金放到沙盘上费用区域里的广告费处。

（3）参加订货会选单/登记订单

这个步骤由各模拟企业参加订货会，只有投入广告费后才能参加订货会，教学年各企业参加订货会都是得到的同样的一张订单（订单上信息显示为市场：本地市场；产品数量：6P1；产品单价：5.3M/个；总金额：32M；应收账期：2Q）。销售总监领取订单后，登记在附表的"订单登记表"（如表6-2所示）中，同时在业务流程处理表中相应空格内打"√"。

表6-2　　　　　　　　订单登记表

订单号										合计
市场	本地									
产品	P1									
数量	6									
账期	2Q									
销售额	32M									
成本	12									
毛利	20									
未售										

（4）支付应付税

企业所得税的法定税率为 25%，在教学年应按照上一年度利润表中"所得税"的数额"1"支付，所以这里财务总监应该填"-1"，并同时从现金库中取出 1M 现金放到沙盘上的税金处。

（5）支付长期贷款利息

长期贷款需要每年支付利息，年利率 10%，财务总监需要从现金库里支付利息 4M，取 4 个灰币放入沙盘中费用区里的利息位置上，在对应格内填入"-4"。

（6）更新长期贷款/归还长期贷款

在年末时候要将现有的长期贷款向现金方向移动一格，代表长期贷款离到期近了一年时间，若有移出长期贷款的格子则需用现金归还，同时支付利息并做记录。

在教学年的具体操作是将第四年的长期贷款移入第三年对应的表格内，五年的长期贷款移入第四年对应的表格内。

（7）申请长期贷款

这一步可以根据企业的需要申请长期贷款。在教学年不进行操作。

以上 7 步为年初任务，从第 8 步开始分为四个季度，每季度的运行程序如业务流程处理表所示（其中灰色斜线部分表示此步骤不需要进行操作）。

（8）季初盘点

财务总监盘点现金，记录在表上。教学年此步骤剩余现金为 14M，则填"14"。

（9）更新短期贷款/还本付息

此步骤请财务总监将表示短期贷款的空桶向现金区方向前进一格（表示短期贷款的还贷时间进行了更新）；如移动到了现金区，则表示短期贷款到期，应该按照规则还本付息，利随本清，将利息放在沙盘综合费用的"利息"处，将本金归还到交易处（老师所代表的银行），并做好相应的记录；教学年由于没有短期贷款，所以不进行操作，首席执行官用"×"表示。

（10）申请短期贷款

如果要申请新的短期贷款，也是在这个步骤进行，按照申请短贷的最高额度的规则，根据本企业的需要到交易处登记借款，并拿到代表贷款的空桶，桶内放置记录贷款信息的纸条，同时领取相应数额的现金。此步骤一般会发生现金的收入，相应记录在业务流程处理表上。

教学年不申请短期贷款，所以不进行操作，首席执行官用"×"表示。

（11）原材料入库/更新原料订单

将上一期预订的 2 个 R1 原材料支付 2M 现金后取回，放入原料库，所以此处请财务总监填入"-2"。

（12）下原料订单

根据年初采购计划，确定采购的原料的品种和数量。需要注意的是，不下原料订单就没办法在下一季度采购原材料。在教学年，我们统一下 1 个 R1 原料订单，采购总监取 1 个空桶，放入 R1 原料订单区中，即表示已下一个订单，首席执行官在对应格内填入"√"号。

（13）购买/租用厂房

大厂房是自有的，另外可以考虑租赁或者购买小厂房，如果购买，则取出与厂房价值相等的现金放到沙盘上"厂房"处，如果租赁，则取出现金放到沙盘上费用区域的"租金"处，同时，财务总监做好现金收支记录。教学年不进行操作。

（14）更新生产/完工入库

生产总监将盘面上的在产品依次推入下一格，下线的产品放入产成品库，首席执行官在对应格内填入"√"号。

（15）新建/在建/转产/租赁/变卖生产线

这一步如果有投资新生产线，生产总监应到指导老师处领取生产线标识，并将其翻转放于厂房里的相应位置，同时在净值处放置一空桶，根据每季度的投资额度（也就是购买价格/安装周期）放入相应现金到空桶中，财务总监做好现金收支记录。在全部投资完成后的下一季度，才能将生产线标识反转过来，并到指导老师处领取准备生产的产品标识，此时才可以开始生产。

如果要变卖生产线，若此时生产线净值等于残值，则将生产线的净值（也就是此时代表生产线净值的桶里的现金）转到现金库中，若此时生产线净值大于残值，则取出等同于残值的部分放入现金库中，而将净值与残值的差额计入综合费用表的"损失"项。同时财务总监做好现金收支记录。

如果生产线需要转产，则根据转产规则，按照不同生产线转产所需的费用和周期，按每季度的支付额（总费用/周期）支付转产费用，放入沙盘上费用区域的"其他"，同时将产品标识翻转放置，待全部转产费用支付完成后，才能够将旧的产品标识拿到指导老师处换成新的产品标识，此时才可以开始生产。同时，财务总监做好现金收支记录。

在教学年没有此项业务，在对应格内填入"×"号。

（16）紧急采购原料

在开始下一批生产之前，如果发现需要的原材料不足，可以用成本价的 2 倍现金到供应商（老师）处采购原料，采购总监用成本价的灰币换取原料，另外将等同成本价的灰币放到盘面上"其他"处。财务总监应在流程表上做好现金支出记录。同时将采购原材料多支出的价格（也就是放到"其他"处的灰币）计入综合费用表的"损失"项。教学年此处不进行操作。

（17）开始下一批生产

如果生产线是空的（也就是生产线上没有在产品），这时可以开始新一批的生产，生产总监按照产品的 BOM 结构从原材料库里取出相应原材料，并从现金库里取相应的人工费，一起放入空桶后放到空的生产线上的第一格。

在教学年，生产总监应从原料库里取 1 个 R1 原料，同时取 1M 现金（人工费），放入空桶后放到空出的生产线的第一格内。财务总监在表内对应格填入"－1"。

（18）更新应收款/应收款收现

财务总监应该将现有的应收账款向现金方向移动一格，若有移出格子的应收账款则放入现金库，并且由财务总监做好记录。

教学年本期的操作是将 15M 应收账款从第三期移入第二期，对应格内填入"√"号。

（19）紧急采购产成品

在交货之前，如果发现产成品库里的库存不足，不能按时交付客户订单，会面临罚款，这时候可以用直接成本的 4 倍价格到管理员（老师）处紧急采购产成品，采购总监用成本价的灰币换取成品，另外将 3 倍直接成本的灰币放到盘面上"其他"处。财务总监应在流程表上做好现金支出记录。同时将采购产成品多支出的价格（也就是放到"其他"处的灰币）计入综合费用表的"损失"项。

如果考虑 4 倍成本价格采购难以接受，还可以考虑向其他企业购买产品。如果以成本价购买，则买卖双方正常处理。如果高于成本价购买（由于在实战中，向其他企业购买成品的一方通常处于劣势，溢价购买是常态），则购买方将差价（购买价格－产品成本）计入综合费用明细表中的损失项，卖方的账务处理则视同销售。同时，财务总监做好现金收支记录。这个步骤是随时可以进行的，但电子沙盘的组间交易只能由管理员进行操作。

教学年没有此项业务，在对应格内填入"×"号。

（20）按订单交货

营销总监检查成品库中的数量是否满足订单需求，满足则可以交货到指导老师处，拿回一个桶里放着代表应收账款的纸条，纸条上写明应收账款的金额和账期，放到相应的应收账款的位置。如果是 0 账期的，则直接将收到的现金放入现金库。财务总监做好相应的现金收支记录。

教学年本期，查点成品库成品数量，不够交货数量，没有操作，填入"×"号。若有货，则按单交货，在对应格内应填入"√"号。

（21）产品研发投资

按照制定的产品研发计划，生产总监将相应的现金（按季度分别投入）放到盘面上"营销与规划中心"的"生产资格"区域。财务总监做好现金收支记录。

教学年没有此项业务，在对应格内填入"×"号。

（22）厂房——出售（买转租）/退租/租转买

厂房随时可以出售，但出售的同时为了不影响生产（在厂房内有生产线的情况下），必须将厂房租回来（如无生产线则可以选择不租回来），按规则支付租金。厂房按购买价值出售，但收到的是 4 个账期的应收账款。

厂房租赁满一年以后，可以选择继续租赁、退租或者转为购买。

教学年没有此项业务，在对应格内填入"×"号。

（23）新市场开拓/ISO 资格投资

如果需要开拓新的市场或者 ISO 资格认证，则取出现金放在沙盘上相应的区域（按年分别投入），财务总监做好记录。在开拓或者投资完成后领取相应的证。每年只有第 4 季可以进行该操作。

（24）支付管理费

规则规定每期必须支付 1M 行政管理费。财务总监取 1 个灰币放入沙盘中费用区里的管理费位置上，在对应格内填入"－1"。

（25）出售库存

如果现金流出现断流，又没有其他融资方式可用了，唯一的办法只剩下将产成品或原材料出售（将相关产品或原材料拿到老师处换取灰币），产成品按成本价出售，原材料按 9 折价格出售（参数设置可以更改）。原材料由于只能收回 9 折的现金，折价部分要放到盘面上"其他"处，财务总监记录好现金收入，并且将折价部分计入综合费用的"损失"项。

（26）厂房贴现

如果在资金急用的情况下，又没有轮到变卖厂房的操作时，可以直接将厂房的价值按照出售厂房后 40M 的 4Q 应收账款贴现（贴现率 12.5%），如果厂房中有生产线，还必须同时付出租金将厂房租回来。在操作上，由财务总监从代表厂房价值的 40M 中拿出 30M 到现金处，另外将剩下的 5M 转入盘面的贴现费用、5M 转入盘面上厂房的租金。如厂房中没有生产线，则可以不用同时将厂房租回来。财务总监做好相应的记录。

（27）应收款贴现

如果有应收账款，同时资金紧缺的情况下，随时可以将应收账款贴现，但要付出相应的贴息。1、2 期的贴现率为 10%，3、4 期为 12.5%（参数可更改）。在操作上，应收账款一般是用空桶里面写上金额和账期的纸条表示，将桶和纸条拿到老师处换取相应的现金，并将贴息部分放到盘面"贴息"处。此处不进行操作。

（28）季末盘点

将本季度的现金收支情况进行盘点，记录现金余额。

在教学年，本季初现金盘点 14M，加本期现金收入 0M，减本期现金支出 4M，得 10M，在对应的格内填入"10"。

二、第二季度

为了简化，在以后季度的说明里，只对有操作的项目加以说明，空白项目则略过。

（1）季初现金盘点。期初现金数为 10M，所以在对应格内填"10"。

（2）原材料入库/更新原料订单。将上一期预订的 1 个 R1 原材料支付 1M 现金后取回，放入原料库，在对应格内填入"－1"。

（3）下原料订单。为下一季度下 1 个 R1 原料订单，取 1 空桶，放入订单区中 R1处，对应格内填入"√"号。

（4）更新生产/完工入库。将盘面上的在产品依次推入下一工序，下线的 2 个产品放入成品库，对应格内填入"√"号。

（5）开始下一批生产。做成 2 个 P1 在产品放在空出的生产线的第一期格内，对应格里填入"-2"。

（6）更新应收款/应收款收现。将现有的应收账款向现金方向移动一格。本期的操作是将 15M 应收账款从第二期移入第一期，在对应格内填入"√"号。

（7）按订单交货。查点成品库成品数量，达到交货数量，按单交货，填入"√"号。

（8）支付管理费。取 1 个灰币放入沙盘中财务区里的管理费位置上，在对应格内填入"-1"。

（9）季末盘点。季初现金盘点 10M，加本期现金收入 0M，减本期现金支出 4M，得 6M，在对应格内填入"6"。

三、第三季度

（1）季初现金盘点。期初现金数为 6M，所以在对应格内填入"6"。

（2）原材料入库/更新原料订单。将上一期预订的 1 个 R1 原材料支付 1M 现金后取回，放入原料库，在对应格内填入"-1"。

（3）下原料订单。为下一季度下 1 个 R1 原料订单，取 1 空桶，放入订单区的 R1处，对应格内填入"√"号。

（4）更新生产/完工入库。将盘面上在产品依次推入下一工序，下线 1 个 P1 产品，将其放入成品库，对应格内填入"√"号。

（5）开始下一批生产。做成 1 个 P1 在产品放在空出的生产线的第一期位置上，对应格里填入"-1"。

（6）更新应收款/应收款收现。将现有的应收账款向现金方向移动一格。本期的操作是将 15M 应收账款从第一期移入现金库中，并将 32M 应收账款从第二期移入第一期，对应格内填入"15"。

（7）支付管理费。取 1 个灰币放入沙盘中费用区里的管理费位置上，在对应格内填入"-1"。

（8）季末盘点。季初现金盘点 6M，加本期现金收入 15M，减本期现金支出 3M，得 18M，在对应格内填入"18"。

四、第四季度及年末

（1）季初现金盘点。期初现金数为 18M，填入"18"。

（2）原材料入库/更新原料订单，将上一期预订的 1 个 R1 原材料支付 1M 现金后取回，放入原料库，在对应格内填入"-1M"。

（3）下原料订单。为下一季度下 1 个 R1 原料订单，取 1 空桶，放入订单区的 R1 处，对应格内填入"√"号。

（4）更新生产/完工入库。将盘面上在产品依次推入下一工序，下线 2 个 P1 产品，将其放入成品库，对应格内填入"√"号。

（5）开始下一批生产。做成 2 个 P1 在产品放在空出的生产线的第一期格内，对应表格里填入"-2"。

（6）更新应收款/应收款收现。将现有的应收账款向现金方向移动一格。本期的操作是将 32M 应收账款从第一期移入现金库中，对应格内填入"32"。

（7）支付管理费。取 1 个灰币放入沙盘中费用区里的管理费位置上，在对应格内填入"-1"。

（8）季末盘点。季初现金盘点 18M，加本期现金收入 32M，减本期现金支出 4M，得 46M，在对应格内填入"46"。

以下的步骤为年末时候才进行的，也就是四个季度中只在第四季度末才进行操作的步骤。

（9）缴纳违约订单罚款。如有订单没能按时交货，则需要缴纳罚款 20%（参数可更改），从现金中扣除，计入综合费用"损失"项，同时需要注意的是，该订单会被收回，并且接受罚款的企业无权获得"市场老大"地位，即使在该市场销售额最高。财务总监做好现金支出记录。教学年不进行操作。

（10）支付设备维护费。每年末按已生产的生产线数支付此项费用，每条生产线 1M。教学年有 4 条生产线，取 4 个灰币放入沙盘中费用区里的维修费位置上，在对应格内填入"-4"。

（11）计提折旧。按规则，每台设备在净值大于残值时都要提取折旧，从代表生产线净值的桶里取出相应的灰币到费用区域的"折旧"上，财务总监做记录，由于不实际支付现金，故此数字在表中用"（）"标出。在教学年，从 4 条生产线前的净值桶里各取出 1 个币，放入沙盘中财务区里的折旧位置上，在对应格内填入"（4）"。

（12）新市场/ISO 资格换证。如有投资到期的新市场或者 ISO 资格，则在此步骤到老师处换取相应准入证或资格证。教学年没有开拓新市场，也没有投资 ISO 资格，所以不换证。

（13）结账。将全年现金收支情况结账，对应格内填入"42"。

表 6-3 　　　　　　　　　　业务流程处理表（教学年）

操作顺序	沙盘运营流程	现金收支记录（涉及现金收入记为正数，支出记为负数，如没有涉及现金收支则打√表示已操作，打×表示未操作）			
年初	新年度规划会议	√			
	广告投放	-1			
	参加订货会选单/登记订单	√			
	支付应付税	-1			
	支付长期贷款利息	-4			
	更新长期贷款/归还长期贷款	×			
	申请长期贷款	×			
1	季初盘点	14	10	6	18
2	更新短期贷款/短期贷款还本付息	×	×	×	×
3	申请短期贷款	×	×	×	×
4	原材料入库/更新原料订单	-2	-1	-1	-1
5	下原料订单	√	√	√	√
6	购买/租用厂房	×	×	×	×
7	更新生产/完工入库	√	√	√	√
8	新建/在建/转产/租赁/变卖生产线	×	×	×	×
9	紧急采购原料（随时）	×	×	×	×
10	开始下一批生产	-1	-2	-1	-2
11	更新应收款/应收款收现	√	√	15	32
12	紧急采购产成品（随时）	×	×	×	×
13	按订单交货	×	√	×	×
14	产品研发投资	×	×	×	×
15	厂房——出售（买转租）/退租/租转买	×	×	×	×
16	新市场开拓/ISO 资格投资				×
17	支付管理费	-1	-1	-1	-1
18	出售库存				
19	厂房贴现	×	×	×	×
20	应收款贴现	×	×	×	×
21	季末盘点	10	6	18	46
年末	缴纳违约订单罚款				
	支付设备维护费				-4
	计提折旧				(4)
	新市场/ISO 资格换证				×
	结账				42

第三节　编制教学年报表

在一年经营结束后，就要开始编制教学年的报表，以后的报表编制也按照这样的操作来进行。首先根据订单的情况填产品核算统计表。

表6-4　　　　　　　　　　　　　产品核算统计表

	P1	P2	P3	P4	合计
数量	6				6
销售额	32				32
成本	12				12
毛利	20				20

如有组间交易，还要填组间交易明细表，教学年不用填。

表6-5　　　　　　　　　　　　　组间交易明细表

买入			卖出		
产品	数量	金额	产品	数量	金额

紧接着，根据这一年盘面上的费用支出，填写综合费用明细表。

表6-6　　　　　　　　　　　　　综合费用明细表　　　　　　　　　单位：百万

项　目	金　额	备　注
管理费	4	
广告费	1	
设备维护费	4	
损失		
厂房租金		
转产费		
市场准入开拓		□区域　　□国内　　□亚洲　　□国际
ISO 资格认证		□ ISO 9000　　□ ISO 14000
产品研发		P2（　　）　　P3（　　）　　P4（　　）
信息费		
其　他		
合　计	9	

最后，根据上面填写的表格以及盘面情况，编制利润表和资产负债表。

表6-7　　　　　　　　　　　　利　润　表

项　目	上　年　数	本　年　数
销售收入	35	32（产品核算表里的销售额）
直接成本	12	12（产品核算表里的成本）
毛利	23	20（销售收入－直接成本）
综合费用	11	9（综合费用表里的合计）
折旧前利润	12	11（毛利－综合费用）
折旧	4	4（盘点盘面上的折旧）
支付利息前利润	8	7（折旧前利润－折旧）
财务收入/支出	4	4（盘点盘面上的利息和贴息）
其他收入/支出		盘点其他收入或者支出
税前利润	4	3（支付利息前利润－财务支出）
所得税	1	1（根据税前利润和所得税率计算）
净利润	3	2（税前利润－所得税）

表6-8　　　　　　　　　　　　资产负债表

资　产	期初数	期末数	负债和所有者权益	期初数	期末数
现金	20	42（盘点现金）	长期负债	40	40（盘点长期负债）
应收款	15	盘点应收账款	短期负债		盘点短期负债
在制品	8	8（盘点在制品的成本）	应付账款		盘点应付账款
成品	6	6（盘点库存产成品的成本）	应交税金	1	1（根据利润表中所得税填写）
原料	3	2（盘点库存原材料的成本）	一年内到期的长期负债		盘点一年内到期的长期负债
流动资产合计	52	58（以上5项之和）	负债合计	41	41（以上5项之和）
土地和建筑	40	40（盘点厂房价值）	股东资本	50	50（股东不增资的情况下一直为50）
机器与设备	13	9（盘点设备净值）	利润留存	11	14（上年利润留存＋上年年度净利）
在建工程		如有在建设备,则填写其已投入价值	年度净利	3	2（根据利润表净利润填写）
固定资产合计	53	49（以上3项之和）	所有者权益合计	64	66（以上3项之和）
资产总计	105	107（流动资产＋固定资产）	负债和所有者权益总计	105	107（负债合计＋所有者权益合计）

报表编制完成后，教学年操作即结束，接下来开始六个年度的手工沙盘操作，由各组同学自行决策，按本章流程进行操作。

第七章　运行过程监控

在 ERP 手工沙盘模拟运行过程中，参与成员的诚信是至关重要的，但为了保证实验的公平顺利运行，教师的裁判和监控也不可或缺。监控主要是监督各管理团队是否严格按照运行规则来进行。教师在运行过程中的监控主要包括购产销过程的监控、筹资和投资的监控、开发和拓展的监控、费用和税金的监控。本章主要介绍这些运行过程中的各种监控。

对模拟企业运行过程的监控需要录入相应的监控信息，作为监控的依据和手段。监控信息记录表如图 7-1 所示：

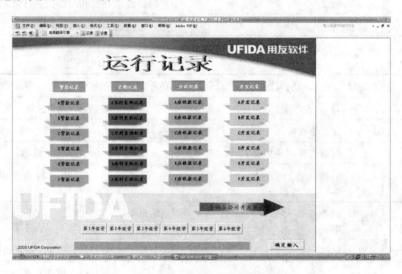

图 7-1　监控信息记录表

其中，采购记录主要用于采购过程的监控，开发记录主要用于开发和拓展过程的监控，贷款记录主要用于筹资和投资过程的监控，应收记录主要用于销售过程和筹资过程的监控。

第一节　购产销过程的监控

模拟企业的采购、生产、销售是其最基本的业务，为了规范各模拟企业的运行，此部分监控主要包括采购过程监控、生产过程监控和销售过程监控。

企业的购产销过程的监控主要基于采购记录表和开发记录表来进行。分别如图

7－2 和图 7－3 所示：

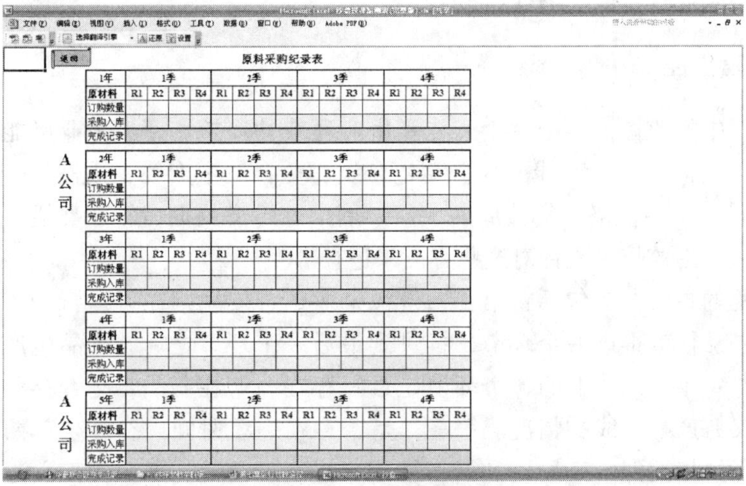

原料采购纪录表

返回

A公司

1年	1季				2季				3季				4季			
原材料	R1	R2	R3	R4	R1	R2	R3	R4	R1	R2	R3	R4	R1	R2	R3	R4
订购数量																
采购入库																
完成记录																

2年	1季				2季				3季				4季			
原材料	R1	R2	R3	R4	R1	R2	R3	R4	R1	R2	R3	R4	R1	R2	R3	R4
订购数量																
采购入库																
完成记录																

3年	1季				2季				3季				4季			
原材料	R1	R2	R3	R4	R1	R2	R3	R4	R1	R2	R3	R4	R1	R2	R3	R4
订购数量																
采购入库																
完成记录																

4年	1季				2季				3季				4季			
原材料	R1	R2	R3	R4	R1	R2	R3	R4	R1	R2	R3	R4	R1	R2	R3	R4
订购数量																
采购入库																
完成记录																

A公司

5年	1季				2季				3季				4季			
原材料	R1	R2	R3	R4	R1	R2	R3	R4	R1	R2	R3	R4	R1	R2	R3	R4
订购数量																
采购入库																
完成记录																

图 7－2　采购记录表

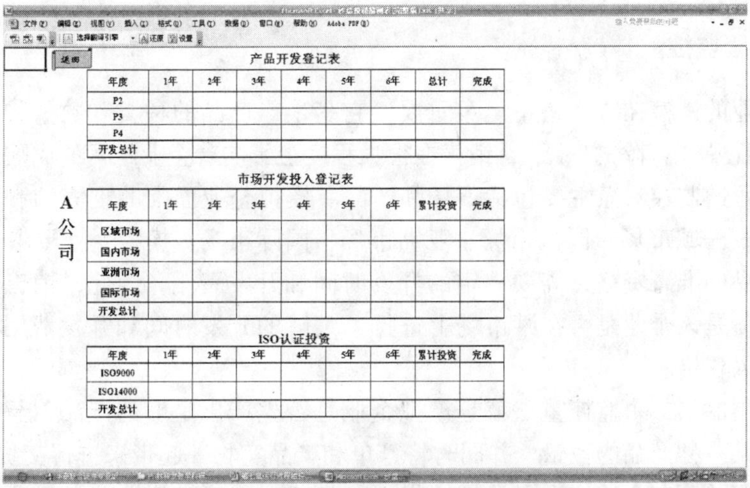

产品开发登记表

返回

A公司

年度	1年	2年	3年	4年	5年	6年	总计	完成
P2								
P3								
P4								
开发总计								

市场开发投入登记表

年度	1年	2年	3年	4年	5年	6年	累计投资	完成
区域市场								
国内市场								
亚洲市场								
国际市场								
开发总计								

ISO认证投资

年度	1年	2年	3年	4年	5年	6年	累计投资	完成
ISO9000								
ISO14000								
开发总计								

图 7－3　产品开发和市场开拓记录表

一、采购过程监控

在 ERP 沙盘模拟运行过程中，各模拟企业可能会面临着四种原材料的采购，即 R1 原材料、R2 原材料、R3 原材料、R4 原材料。各模拟企业需要按照自己的生产规划来确定原材料组合的种类、数量和进度采购。

需要注意的是，每一种原材料有不同的采购提前期，R1 原材料和 R2 原材料有一个季度的采购提前期，R3 原材料和 R4 原材料有两个季度的采购提前期。模拟企业要顺利取得原材料，就需要将不同原材料的采购提前期考虑进来，进行规划和安排。

因此，此环节的监控主要包括两个方面：一是检查模拟企业有没有出现未预先订货而直接购买原材料的情况；二是检查模拟企业有没有出现预先订货而未购买原材料的情况。前一种情况属于违规行为，后一种情况属于违约行为，一旦出现这两种情况，都需要对模拟企业进行适当的处罚。

二、生产过程监控

生产过程中的监控核心在对生产线和生产环节的监控。模拟企业可能会先后拥有四种生产线，包括手工生产线、半自动生产线、全自动生产线、柔性生产线。每一种生产线有不同的购买价格、安装周期、生产周期、转产周期、转产费用、维修费和残值等，生产过程的监控主要针对这些方面来进行。

生产过程的主要监控包括：第一，模拟企业是否按规则在每运行一个季度后将生产线上的在制品往前推进一个环节，推进到最后一个环节之后，产品生产完成进入成品库。第二，每条生产线上的各个环节是否只存在一个在制品，是否存在本季度刚有产品下线，又有产品上线的情况。第三，是否存在一段时间内交替生产两种不同产品的情况，是否严格按照转产周期和转产费用来进行产品的转产。第四，是否严格按照生产线的安装周期来进行产品的投产。第五，在 P2 产品、P3 产品、P4 产品进行投产前，是否完成了研发时间和研发费用的投入。

三、销售过程监控

模拟企业的销售在购产销中至关重要，它是生产产品的种类和数量的导向，也是现金周转过程中"惊险的一跃"，销售在很大程度上影响着企业经营的成败。

销售过程的监控对象主要包括市场和产品。模拟企业面临的现实的和潜在的市场有本地市场、区域市场、国内市场、亚洲市场、国际市场。模拟企业要取得在这些市场上销售商品的准入资格，需要一定的开发时间和开发费用。因此，销售过程的第一个监控重点就是该企业是否在某市场上进行了足够的开发时间和开发费用的投入，取得了市场准入资格。

销售过程的第二个监控重点就是模拟企业是否生产出足够的产品，至少达到了订单上确定的某一种产品的数量，并同时将订单和产品实物一起带来进行交货销售。

销售过程的第三个监控重点就是销售企业是否从其他模拟企业那里购入了一定数量的某种产品，是否进行了相互交易行为。如果出现这种情况一定要引起高度重视，需要进行特殊处理，否则会影响利润表和资产负债表的编制。

销售过程的第四个监控重点就是销售企业在每年的第一个季度是否完成了加急订单的交货，在每一个年度结束时是否完成了该年度该类订单的交货。如果没有完成，需要进行违约的罚款处理。

第二节　筹资和投资的监控

企业的筹资和投资监控，要监控模拟企业是否按照每种融资途径的约束条件来进行，对其进行监控主要基于贷款记录表来进行。贷款记录表如图 7 - 4 所示：

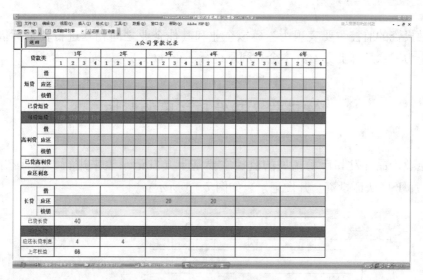

图7-4 贷款记录表

一、筹资环节的监控

在模拟企业出现资金短缺时，它可以通过如下四种途径获得资金：长期贷款、短期贷款、高利贷、应收账款贴现。每一种融资途径都有不同的融资时间、融资成本和约束条件。模拟企业的筹资环节的监控主要针对这些融资途径来进行，主要表现在如下方面：

第一，模拟企业融资时间的选择是否恰当。长期贷款在每年年末进行，短期贷款在每季季初进行，高利贷和应收账款贴现在任何时候都可进行。企业筹资需要在规定的时间才能进行。

第二，模拟企业融资金额的选择是否恰当。长期贷款和短期贷款的总贷款额度为上年所有者权益的两倍，模拟企业在申请贷款时，需要查询监控记录表，看其剩余多少贷款额度，且每次贷款必须是20M的整数倍。通过应收账款贴现筹集资金，金额必须是7M的整数倍，而且不需考虑应收账款的不同账期。

第三，模拟企业是否按照不同融资方式的还款约定归还到期负债。长期贷款是年末付息，到期还本；短期贷款和高利贷是到期一次还本付息；应收账款贴现是办理贴现时付息。

二、投资环节的监控

模拟企业的投资主要包括项目投资和金融投资，但在ERP沙盘模拟实验中，企业的投资以项目投资为主，金融投资属于特殊业务，需要作为特殊业务处理。

项目投资的监控主要表现为：第一，模拟企业出售大厂房购置小厂房时是否严格按照相应的规则进行处理，小厂房的容量是否足够容纳其今后的所有生产线。第二，企业购置新的生产线包括半自动生产线、全自动生产线、柔性生产线时，是否严格按照各生产线的购买价格、安装周期、生产周期、转产周期、转产费用、维修费用等进行处理。

金融投资的监控主要表现为：模拟企业和其他企业之间相互进行资金拆借时，是否将其作为一项特殊业务对其本金和利息进行了正确的特殊处理。

第三节　开发和拓展的监控

对企业产品开发和市场拓展的监控主要基于开发记录表来进行，包括产品开发、市场开拓、ISO 认证投资。开发记录表如图 7－5 所示：

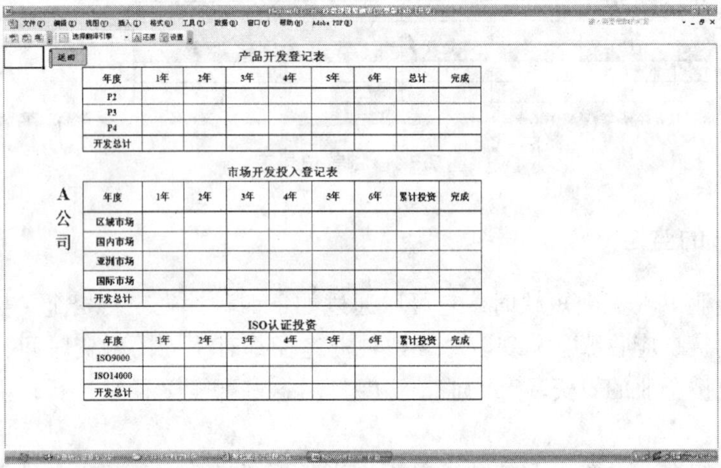
返回

A公司

产品开发登记表

年度	1年	2年	3年	4年	5年	6年	总计	完成
P2								
P3								
P4								
开发总计								

市场开发投入登记表

年度	1年	2年	3年	4年	5年	6年	累计投资	完成
区域市场								
国内市场								
亚洲市场								
国际市场								
开发总计								

ISO认证投资

年度	1年	2年	3年	4年	5年	6年	累计投资	完成
ISO9000								
ISO14000								
开发总计								

图 7－5　开发记录表

一、产品研发的监控

初始状态的模拟企业可以生产和销售 P1 产品，而技术含量相对较高的 P 系列产品的 P2、P3、P4 产品则需要模拟企业进行研发，之后才能进行生产和销售。此类产品的研发则需要研发时间和研发资金的投入。对模拟企业的产品研发的监控主要包括：

第一，模拟企业对某产品的研发是从什么时刻开始投入研发资金的，研发过程中是否出现了研发的中断；如果出现了研发中断，那么两段研发时间之和是否达到了该产品需要的研发时间。

第二，产品研发费用是否进行了实际的支付和正确的记录，研发费用的总额是否达到了该产品需要的研发费用。

第三，研发时间和研发费用都满足条件后，是否如期取得了该产品的生产资格证。

二、市场开拓的监控

模拟企业现在能够进行产品销售的市场是本地市场，而区域市场、国内市场、亚洲市场和国际市场则有待开发。市场的开拓包括开拓时间和开拓费用的投入。市场开拓的监控主要包括：

第一，模拟企业对某市场的开拓是从什么时刻开始投入开拓资金的，开拓过程中是否出现了开拓的中断；如果出现了开拓中断，那么两段开拓时间之和是否达到了该市场需要的开拓时间。

第二，市场开拓费用是否进行了实际的支付和正确的记录，开拓费用的总额是否达到了该市场需要的开拓费用。

第三，市场的开拓费用是否按照开发时间平均支付，是否出现了加速投入市场开拓费用的情况。

第四，开拓时间和开拓费用都满足条件后，是否如期取得了该市场的市场准入资格证。

第四节　费用和税金的监控

模拟企业在生产经营过程中，会发生各种支出。生产销售产品中的直接成本由系统根据模拟企业的产品订单自动生产，模拟企业不能更改，因而也无需监控。但生产经营过程中发生的各种费用和税金则由模拟企业的管理团队进行支付和记录，可能出现有意的造假和无意的失误，因而需要进行适当的监控。

一、费用的监控

模拟企业在运行过程中会发生各种各样的费用，包括管理费、广告费、维修费、租金、转产费、市场准入费、ISO资格认证费、产品研发费等。这些费用的如实支付与否，将在很大程度上影响模拟企业的业绩。因此，很有必要对其进行监控。费用的监控主要包括：

第一，各项费用是否按照规定的比率和数量进行支付，并进行了正确的记录和处理。

第二，影响企业现金流的费用和不影响企业现金流的费用是否进行了不同的分别处理。

第三，支付费用的资金来源是否正确，是否挪用了不能动用的资金来进行费用的支付。

二、税金的监控

模拟企业企业所得税的缴纳规则规定的缴纳比率是比较高的，为税前利润的三分之一，向下取整。所得税对企业的业绩影响比较大。所得税的监控主要包括：

第一，是否按照规定的税率来进行了应纳所得税的计算和缴纳。虽然现实中对所得税率进行了调整，但按照原有规则进行所得税的计算和缴纳，对所有虚拟企业是公平的，因而没有必要修改。

第二，是否正确地进行了税前补亏的处理。根据运行的经验，我们发现，模拟企业多数是前面若干年度亏损，后面若干年度盈利，因而，出现了盈利的年份一定要进行税前补亏的处理，也就是出现盈利年份需要将以前年度的累积亏损弥补完之后，才来确定需要缴纳的所得税的金额，这是很多实验参与者容易忽略的地方。

第八章　运行结果评价

在 ERP 沙盘模拟经营过程中，六个初始状态设置完全一样的企业，经过几年的经营，就会出现一定的差异，有的盈利颇丰，有的亏损累累，甚至已经倒闭，为什么会产生不同的结果？这是学生们在模拟经营过程中，甚至经营完毕后一直考虑的一个问题。本章将从三个方面对企业的运行结果进行分析和评价。

第一节　产品市场评价

一、战略效果评价指标

战略效果评价对于 ERP 沙盘模拟实训而言非常重要，由于各经营团队都进入相同的行业，所以首席执行官领导下的团队如何权衡收益与风险，如何发挥企业的发展潜力，特别是在企业价值创造或盈利能力的潜力，选择恰当的战略是企业经营是否成功的关键因素。战略的不同，直接影响着企业产品的毛利空间，企业毛利空间的不同，直接决定了企业在营销、筹资、市场开发上投入空间的大小。因此，产品毛利率成为衡量战略实施效果的非常重要的一项指标。

产品毛利 = 产品价格 − 产品直接成本

$$产品毛利率 = \frac{产品毛利}{产品价格}$$

在 ERP 沙盘模拟实训中，各经营团队将面临本地、区域、国内、亚洲、国际 5 个市场环境，这 5 个市场环境对应 4 个 P 系列产品。P1、P2、P3、P4 在不同的阶段其价格和市场需求量是不同的，为此，企业在制定本企业的市场开发战略时，应当结合企业的产品策略进行考虑。比如，企业重点生产的产品是 P4，如果 P4 产品的需求量主要集中在区域、国内和亚洲市场，国际市场需求很小，那么，企业就必须回避国际市场，重点占领区域、国内和亚洲市场。

传统的竞争策略分析认为，低成本竞争策略和产品差异策略是互相排斥的，所以处于两种策略中间的企业是危险的。我们可以看到，在实训过程中，很多经营团队在经营之初同时申请 ISO 9000 及 ISO 14000 两项认证，后期却仍然以 P 系列低端产品为主要产品，造成了认证成本及资格维护成本的浪费，影响了企业利润。同时，某些经营团队在低成本策略指导下企业经营难以维持，被迫拟实行产品差异战略，但是认证又需要一定的时间周期，导致企业陷入了产品转型的困境。

通过毛利率分析可以清楚地看到，企业必须及早确定竞争战略，并能根据竞争对手的策略、市场环境的变化进行调整，在首席执行官的带领下将竞争策略渗透到企业的运营过程。各经营团队也可在实训结束后，回顾对企业战略的把握，分析得失。

二、产品经营效率指标

企业对流动资产和固定资产的利用能力和利用效率从根本上决定了企业的经营状况和经济效益，据此可以分析出企业的营运状况和管理水平。资产周转速度越快，表明资产可供运用的机会越多，使用效率越高；反之，则表明资产利用效率越差。这样，就可以通过产品销售与企业资金占用量来分析企业的资金周转状况，评价企业的营运能力。

(一) 存货周转率

企业存货的周转是指以货币资金购入生产经营所需材料物资开始，形成原材料存货；然后投入到生产经营过程中进行加工，形成在产品存货；当加工结束之后则形成产成品存货，然后通过销售取得货币资金，表示存货的一个循环完成。当存货从一种形态转化为另一种形态速度较快时，存货的周转速度就很快。其计算公式为：

$$存货周转率 = \frac{营业成本}{存货平均余额}$$

$$存货平均余额 = \frac{期初存货 + 期末存货}{2}$$

公式中的"营业成本"即利润表中的直接成本，期初与期末存货均可从资产负债表中计数取得。存货周转率高，说明其存货的占用水平低、流动性强、产品积压少，存货转化为现金和应收账款的速度快；存货周转率低，表明企业经营不善、产品滞销。但过高的存货周转率也可能说明企业经营管理出现了问题，如存货水平不足，导致缺货或原材料供应不足，采购批量较小，导致生产线闲置等。一个适度的存货周转速度除应参考企业的历史水平之外，还应当参考同行业的平均水平。当然，存货周转水平也与企业战略息息相关，例如，经营团队生产 P2 产品后囤积，计划待市场销路顺畅时占领市场，这也可能导致囤积期间较低的存货周转率。生产主管还可以对企业的原材料、在产品、产成品分别进行周转率的测评，考察企业的存货管理水平。

(二) 应收账款周转率

应收账款周转率是评价应收账款流动性大小的一个重要财务比率，它是企业一定时期内赊销收入净额和应收账款平均余额的比率。其计算公式如下：

$$应收账款周转率 = \frac{赊销收入净额}{应收账款平均余额}$$

$$应收账款平均余额 = \frac{期初应收账款余额 + 期末应收账款余额}{2}$$

其中，"赊销收入净额"即利润表中的销售收入，应收账款期初及期末余额反映在资产负债表中。

该比率说明年度内应收账款转化为现金的平均次数，体现了应收账款的变现速度和企业的收账效率。一般认为，周转率越高越好，因为它表明企业收款迅速，可节约营运资金，减少坏账损失，减少收账费用并且提高资产的流动性。可以通过该指标与企业前期、其他企业的先进水平进行比较，了解本企业相应年度内应收账款的完成情况以及与先进水平的差距等。

对于销售主管而言，在争取订单的过程中，应收账款的账期也是一个重要的考量标准：销售额相同的情况下，应当选择账期短的订单；在销售额相近的情况下，则应及早与财务主管沟通，进行取舍，避免账期过长带来额外的筹资成本。

(三) 固定资产周转率

固定资产周转率也称固定资产利用率，用以反映企业固定资产的营运效率。其计算公式如下：

$$固定资产周转率 = \frac{销售收入}{固定资产平均净值}$$

$$固定资产平均净值 = \frac{期初固定资产净值 + 期末固定资产净值}{2}$$

其中，"销售收入"取自利润表，固定资产期初及期末净值反映在资产负债表中。这一比率主要用于对厂房、设备等固定资产的利用效率进行分析。对固定资产的分析评价应当综合考虑各种因素，如果经营团队期初变卖厂房融资，则固定资产的平均余额自然比较低；使用全自动生产线或柔性生产线较多的团队，其固定资产的平均余额会高出平均水平，但最终比率的高低取决于销售额的大小；如果生产线昂贵，但是没有取得预期的销售收入，会导致较低的固定资产周转率，说明企业的经营管理及战略存在较大的问题，应当及时进行调整。

三、营销业绩评价

(一) 广告投入产出比

广告投入产出比是评价广告投入效率的指标。其计算公式为：

$$广告投入产出比 = \frac{订单销售额}{广告投入}$$

广告投入产出比用来比较各企业在广告投入上的差异。这个指标告诉经营者本公司与竞争对手之间在广告投入策略上的差距，以警示营销总监和销售主管深入分析市场和竞争对手，寻求节约成本、策略取胜的突破口。该比率越大，说明企业的广告投放效率越高。

(二) 市场占有率

市场占有率是企业产品竞争力的一种体现，企业只有拥有了市场才有获得更多收益的机会。市场占有率指标可以按销售数量统计，也可以按销售收入统计，这两个指标综合评定了企业在市场中销售产品的能力和获取利润的能力。分析可以从两个方向展开：一是横向分析，即对同一期间各企业市场占有率的数据进行对比，用以确定某企业在本年度的市场地位；二是纵向分析，即对同一企业不同年度市场占有率的数据进行对比，由此看出企业历年市场占有率的变化，可以从一个侧面反映企业成长的历程。

1. 综合市场占有率分析

综合市场占有率是指某企业在某个市场上全部产品的销售数量（收入）与该市场全部企业各类产品总销售数量（收入）之比。

$$\text{某市场某企业的综合市场占有率} = \frac{\text{该企业在该市场上全部产品的销售数量(收入)}}{\text{该市场全部企业各类产品总销售数量(收入)}} \times 100\%$$

2. 产品市场占有率分析

了解企业在各个市场的占有率仅仅是第一步，如果能够进一步确定企业生产的各类产品在各个市场的占有率，对企业分析市场、确定竞争优势也是非常必要的。

$$\text{某产品市场占有率} = \frac{\text{该企业在市场销售的该类产品总数量(收入)}}{\text{市场中该类产品总销售数量(收入)}} \times 100\%$$

市场占有率直接决定企业销售收入额，在产能允许的情况下，该比率越高，说明产品销售情况越好。在企业供、产、销各个环节中，销售有着特殊的意义，只有实现了销售，才能顺利收回资金，完成一个完整的资金循环。ERP沙盘模拟实验过程中，市场占有率高的经营团队，可以在下一年度中使用较低的营销成本，实现高额销售收入，企业至少要在一个区域市场中牢牢占据市场老大的位置，只有这样才有获胜的可能。

3. 市场覆盖率

市场覆盖率（market penetration）指某一商品在所有潜在的销售网点的覆盖比率。例如：青岛啤酒在全国10万的潜在销售网点中有7万已进货销售，则其市场覆盖率为70%。

市场覆盖率 = 本企业产品投放地区数 / 全市场应销售地区数 × 100%

市场覆盖率是与市场占有率相关的一个指标。它是本企业产品的投放地区占应销售地区的百分比。市场覆盖率是指企业产品在一定市场范围内占有区域的多少，例如本地市场，如果划分九大区域，在这九大区域内一个公司的产品均有销售，那么这个公司本地市场的覆盖率是100%。市场覆盖率按照从低密度的覆盖到高密度的覆盖可以分为独家分销、选择分销和密集分销三种类别。

4. 产品销售趋势分析

无论是世界500强企业的评选还是其他的企业排名，销售额及其增长率都是最为关键的指标，它是企业整体实力的重要标志。销售额及其增长率超过10%，就可被视为处于高速增长期。

销售额的增长速度可以衡量企业抵御风险的能力，它决定着企业的流动性。销售额的大小对企业成本水平有着重大影响，根据销售额增长率，可以确定企业的发展空间，这对于采取相应的财务策略是至关重要的。

第二节　财务状况评价

企业资金循环以筹资为起点，企业运营规模的大小、固定资产的购置、原材料及相关费用的支付，均依赖于资金的取得。现金流像是企业的血液，大部分企业经营失败并不是由于亏损，而是由于资金周转不顺畅，不能及时偿还债务，无法购买原材料等生产物资，无法参与广告竞争。所以，有必要对企业的筹资渠道及偿债能力进行分析，以提醒财务主管及时做好现金预算和现金管理，控制企业财务风险。

一、筹资策略分析

在 ERP 沙盘模拟实验中，资金的来源有短期贷款、长期贷款、高利贷、应收账款变现、出售厂房等，其利率及期限均有差异，财务主管可根据实际情况分析企业融资成本。下表显示了融资方式的对比情况。

表 8 - 1　　　　　　　　　　融资方式对比表

筹资渠道	利率	付息方式	期限	其他条件
短期贷款	5%	利随本清	1 年	贷款时间是每个季度的初期，贷款限额总计为上年所有者权益的两倍
长期贷款	10%	每年年底付息	5 年	贷款时间是每年年末，贷款限额为上年所有者权益的两倍
高利贷	20%	利随本清	1 年	可以随时申请，额度应与银行协商
应收账款变现	1/7	无	无	变现金额为 7M 的整数倍
出售厂房	无	无	无	出售至回收现金需 1 年，清算不计入总资产，若计入总资产，需赎回

在企业的多种融资渠道中，短期借款的资本成本最低，其次为长期借款，再次为应收账款变现，高利贷的融资成本不但最高，对经营团队最终的成绩评定也有影响。短期贷款的贷款限额为上年所有者权益的两倍，经营团队只有保证企业盈利，才有短期贷款的空间；长期贷款的期限可长达 5 年，虽然利率较高，但相应的还款压力较小。

二、偿债能力分析

偿债能力是指企业偿还各种债务的能力。ERP 沙盘模拟实验中涉及的债务有长期贷款、短期贷款、高利贷三种形式。偿债能力分析揭示了企业所承担的财务风险程度。企业负债必须按期归还，同时要足额支付利息。任何企业，只要通过举债筹集资金，就等于承担了一项契约型的责任或者义务。当企业举债时，就会出现债务到期不能按时偿还的可能，这就是财务风险的实质所在，而且企业负债的比率越高，到期不能按时偿付的可能性就越大。偿债能力按照债务到期日的不同，分为短期偿债能力和长期偿债能力两部分。

（一）短期偿债能力分析

在 ERP 沙盘模拟训练中，要关注短期贷款和高利贷两种短期偿债能力的偿付能力分析。短期偿债能力比率作为一种类型，旨在提供有关企业流动性的信息，因此这些比率有时也称为流动性测度指标。这类指标首先关注的是企业短期内财务状况不会恶化的前提下偿还债务的能力。短期贷款的贷款时间是每个季度的初期，贷款限额总计为上年所有者权益的两倍，利随本清，期限为 1 年；高利贷的贷款时间不限，利随本清，期限同样为 1 年。高利贷的利率要高于长期贷款，长期贷款利率要高于短期贷款。具体的短期偿债能力或流动性测度指标分析如下所述。

1. 流动比率

流动比率是衡量企业短期偿债能力的常用比率，这个比率重点关注的是流动资产和流动负债。其计算公式为：

$$流动比率 = \frac{流动资产}{流动负债}$$

从 ERP 沙盘模拟训练来看，企业运营涉及的流动资产有现金、应收账款、存贷三项，而流动负债则包括短期贷款、高利贷、应交税费三项。流动比率指标关注的是流动负债到期的时候是否有足够现金来偿付其本金和利息。

在模拟训练的每一个年度末，要求提交相应的资产负债表，从资产负债表可计算出流动比率指标。一般认为，流动比率应当达到 2∶1 以上，该指标越高，表明企业的偿付能力越强，企业面临的短期流动性风险越小。在对该指标进行分析的时候，要关注流动资产各自的组成及其所组成部分的具体账期，特别是要对流动资产中的存货进行具体分析。存货往往是由在产品、产成品和原材料共同组成的，原材料转化为现金还要经历在产品、产成品、应收账款几个环节。如果选择生产周期最短的全自动生产线（或者柔性生产线），并且所获订单要求的账期为零，原材料转化为现金也需要 2 个账期。而实际经营的时候，零账期的订单很少，这样看来，存货中的原材料不能够增加短期负债的偿付能力；同样，在产品的偿付能力也很低。流动资产中，只有现金及应收账款具有偿还流动负债的现实可能。企业的流动比率越高，企业资产的流动性即变现力越强，表明企业有足够的可变现资产用来还债，其流动负债获得清偿的机会就会越大，安全性也越大。但是过高的流动性也并非是好现象，因为过高的流动比率可能是由于企业滞留在流动资产上的资金过多所致，这恰恰反映了企业未能有效地利用资金，从而会影响企业的获利能力。

2. 速动比率

存货通常是流动性最弱的流动资产，它还是账面价值最难以准确地反映市场价值的项目之一。此外，过多的存货通常是短期困境的一个标志。这里的速动资产是指从流动资产中扣除存货部分后的资产。速动比率是速动资产与流动负债的比率，又称为酸性测试比率。其计算公式为：

$$速动比率 = \frac{流动资产 - 存货}{流动负债}$$

计算速动比率时将存货从流动资产中剔除了，从 ERP 模拟训练所提供的经营环境来看，最为主要的原因就是存货的变现速度是流动资产中最慢的，存货转化为现金往往需要超过 4 个账期（一个年度）的时间，所以存货的存在并不能实际反映企业的偿付能力。而用速动比率来评价企业的短期偿债能力，消除了存货变现能力较差的影响，可以部分弥补流动比率的缺陷。

通常认为，正常的速动比率为 1，低于 1 的速动比率往往被认为是短期偿债能力偏低。当然，具体合适的比率应该视不同的行业而加以调整，如采用大量现金交易的商店，几乎没有应收账款，速动比率大大低于 1 也是很正常的。影响速动比率可信性的重要因素是应收账款的变现能力，即应收账款的账期长短和产生坏账的可能性。就 ERP 沙盘模拟训练来看，应收账款对速动比率指标的影响主要是账期的长短，当应收账款账期大于流动负债要求的偿还期的时候，就会增加风险。

3. 现金比率

现金比率是企业现金类资产与流动负债的比率，现金类资产包括企业所拥有的货币性资金和持有的有价证券（即资产负债表中的短期投资），它是速动资产扣除应收账款后的余额。

$$现金比率 = \frac{流动资产 - 存货 - 应收账款}{流动负债}$$

现金比率能反映企业直接偿还流动负债的能力。如果在 ERP 沙盘模拟训练中使用该指标，可以保证流动负债的绝对偿付，但使用该指标要求企业保持较大的现金存量，就会错过或者延迟构建企业生产线、进行产品研发和市场开拓的时间，并最终让企业失去发展机遇。一般认为，这一比率在 20% 左右较为正常，在这一水平上，企业的支付能力不会有太大的问题。

（二）长期偿债能力分析

长期偿债能力分析关注的是企业对长期债务的偿付能力，长期债务由于期限较长，利率相对较高。长期贷款的贷款时间是每年年末，贷款限额为上年所有者权益的两倍，每年年底付息，贷款期限为 5 年期。若企业变卖了厂房，虽然对最后的成绩评定有不良影响，但并无强制性赎回条款限制，所以长期债务风险主要来自长期贷款。

1. 资产负债率

资产负债率是负债总额与资产总额的比例关系。资产负债率考虑针对所有债权人的各种不同时限的债务。对债权人来说，负债比率反映向企业提供信贷资金的风险程度，也反映企业举债经营的能力。资产负债率反映在总资产中有多大比例是通过借债来筹集的，也可以衡量企业在清算时保护债权人利益的程度。

$$资产负债率 = \frac{负债总额}{资产总额}$$

资产负债率越高，说明企业的债务负担越重。对债权人来说，该比率越低越好。债权人关心的是贷款的安全，即到期能否按时收回本金和利息。而对经营者来说，通过借款，可以在短时间内扩大经营规模，由于利息费用可以在税前扣除，借款具有一定的财务杠杆效用，只要其投资报酬高于借款利息，就可以获得超额回报，而如果实际的投资报酬低于借款利息，则会侵蚀经营者自己的利润。所以，在进行借款的时候，一定要保持一个合理的资产负债率。资产负债率越大，企业面临的财务风险越大，获取利润的能力也越强；如果企业资金不足，依靠欠债维持，导致资产负债率特别高，偿债风险就应该特别注意。一般认为：资产负债率在60%～70%，比较合理、稳健；当达到85%及以上时，应视为发出预警信号，企业应引起足够的注意。但负债比率不是一个绝对指标，需要根据企业本身的条件和市场情况判定。

2. 产权比率

产权比率是负债总额与股东权益总额之比例。其计算公式为：

$$产权比率 = \frac{负债总额}{权益总额}$$

该指标反映由债权人提供的资本与股东提供的资本的相对关系，反映企业基本财务结构是否稳定。产权比率高，是高风险、高报酬的财务结构；产权比率低，是低风险、低报酬的财务结构。一般来说，股东资本大于借入资本较好，但也不能一概而论。如在ERP沙盘模拟训练的初始年度，长期负债为40M，所有者权益为60M，则计算出的产权比率为60.61%，这个比率偏低，表明企业经营者其实可以通过贷款的方式来使企业获得进一步的发展。

3. 利息保障倍数

利息保障倍数是指企业经营业务收益与利息费用的比率，用来衡量偿付借款利息的能力，也称已获利息倍数，其计算公式如下：

$$利息保障倍数(已获利息倍数) = \frac{税息前利润}{利息费用}$$

其中，税息前利润是指利润表中未扣除利息和所得税之前的利润，它可以用"利润总额＋利息费用"来测算。

利息保障倍数反映了企业的经营所得支付债务利息的能力。如果这个比率太低，说明企业难以保证用经营所得来按时支付债务利息。一般来说，企业的利息保障倍数至少要大于1。

三、资产管理（周转）测度指标

资产管理（周转）测度指标所要描述的是企业如何高效率地、充分地利用其资产，以实现销售额。

（一）存货周转率和存货周转天数

存货周转率和存货周转天数是衡量和评价企业购入存货、投入生产、销售收回等各环节管理状况的综合性指标，其计算公式如下：

$$存货周转率 = \frac{销售成本}{平均存货} = \frac{销售成本}{(期初存货 + 期末存货) \div 2}$$

$$存货周转天数 = \frac{365}{存货周转率} = \frac{平均存货 \times 365}{销售成本}$$

一般来说，存货周转速度越快，存货的占用水平越低，流动性越强，存货转换为现金或应收账款的速度越快。但存货周转率过高，也可能说明企业管理方面存在着其他问题，如存货水平太低、经常缺货等。因此，合理的存货周转率要视产业特征、市场行情及企业自身特点而定。

（二）应收账款周转率和应收账款周转天数

应收账款周转率是企业应收账款投资收回的效率。其计算公式如下：

$$应收账款周转率 = \frac{销售净额}{平均应收账款} = \frac{销售净额}{（期初应收账款 + 期末应收账款）÷ 2}$$

$$应收账款周转天数 = \frac{365}{应收账款周转率} = \frac{平均应收账款 × 365}{销售净额}$$

其中，销售净额是指扣除折扣和折让后的销售收入。

对一个企业来说，应收账款周转率越高，说明企业催收账款的速度越快，可以减少坏账损失，而且资产的流动性强，短期偿债能力也强，在一定程度上可以弥补流动比率的不利影响。但是，如果应收账款周转率过高，可能是企业奉行严格的信用政策、付款条件过于苛刻的结果，这样会失去许多销售机会，限制销售量的扩大，这种情况往往表现为存货周转率偏低，从而影响财务目标的实现。如果应收账款周转率过低，则说明企业催收账款的效率太低，或者信用政策太宽，这样会影响企业的正常周转。

（三）总资产周转率

总资产周转率是用来衡量企业运用资产赚取利润的能力，经常与反映盈利能力的指标一起使用，用来全面评价企业的盈利能力。其计算公式如下：

$$总资产周转率 = \frac{销售收入}{平均总资产} = \frac{销售收入}{（期初资产总额 + 期末资产总额）÷ 2}$$

总资产周转率是分析总资产周转情况的一个综合指标。总资产周转快，会相对节约总资产，相当于扩大了企业资产投入，增强了企业盈利能力；反之，若周转速度慢，为维持正常经营，企业必须满足不断补充资产周转需要而投入更多的资源，形成资金使用低效率，也降低了企业盈利能力。

四、盈利能力分析

盈利能力就是企业赚取利润的能力。盈利是企业的核心，企业只有盈利并且维持稳定的现金流量，才有继续生存和发展的可能。盈利能力的分析，主要是对收入和利润的分析，通过成本与收入的对比关系，也可以分析出企业的盈利状况。反映企业盈利的指标很多，通常使用的主要有成本（费用比例）、销售利润率、资产利润率、净资产收益率等。

（一）成本分析

成本分析应当从静态与动态两个方面入手，静态上分析各项费用占销售收入的比重，动态上通过成本所占比重的发展趋势揭示企业经营过程中的问题。企业成本由多项费用要素构成，所以，应该了解各费用要素在总体成本中所占的比重，分析成本结构，从比例较高的那些费用支出入手，分析其发生的原因，提出控制费用的有效办法。

$$费用比例 = \frac{费用}{销售收入}$$

企业经营是持续性的活动，由于资源的消耗和补充是缓慢进行的，所以从单一时点上很难评价一个企业经营的好坏。比如，广告费用占销售的比例，单以一个时点来评价，一定有失偏颇，但在同一个时点上，可将企业进行横向比较，评价该企业在同类企业中的优势及劣势。

（二）销售利润分析

1. 销售毛利率

销售毛利率是毛利占销售收入的百分比，其中毛利是销售收入与销售成本的差。其计算公式如下：

$$销售毛利率 = \frac{销售收入 - 销售成本}{销售收入} \times 100\%$$

销售毛利率反映了企业产品或商品销售的初始获利能力。从企业营销策略来看，没有足够大的毛利率便不能形成较大的盈利。通常来说，毛利率随行业的不同而高低各异，但同一行业的毛利率一般相差不大。与同行业的平均毛利率比较，可以揭示企业在定价策略、产品或商品推销及生产成本控制方面存在的问题。

2. 销售利润率

销售利润率是指净利润与销售收入的百分比。

$$销售利润率 = \frac{净利润}{销售收入}$$

销售利润率是企业销售的最终获利能力指标。通过分析销售净利率的升降变动，可以促使企业在扩大销售的同时，注意改进经营管理，提高盈利水平。销售利润率受行业特点影响较大。通常来说，越是资本密集型的企业，其销售利润率越高；反之，资本密集程度相对较低的行业，其销售利润率也较低。销售利润率反映了每100元销售额所带来的净利润是多少。如ERP沙盘模拟训练的初始年度销售收入为32M，实现的净利润为2M，计算出的销售利润率为6.25%。随着企业的发展，该指标应该进一步提高。

3. 总资产利润率分析

总资产利润率是企业利润总额与平均资产总额的百分比。

$$总资产利润率 = \frac{利润总额}{平均总资产}$$

总资产利润率是一个综合指标，反映了债权人和股东投入的总资产的收益情况。利润总额是与总资产相对应的一个概念，表明企业全部资产能够获得的全部收益，该指标反映的是企业资产利用的综合效果。总资产利润率反映企业资产利用的综合效果。该比率越高，表明资产利用的效率越高，说明企业在增收节支和节约资金使用等方面取得了良好的效果，否则相反。

4. 净资产收益率分析

净资产收益率是指净利润与平均净资产的百分比，也叫净资产报酬率或权益报酬率。

$$净资产收益率 = \frac{净利润}{平均净资产}$$

$$平均净资产 = \frac{期初所有者权益 + 期末所有者权益}{2}$$

净资产收益率反映了所有者权益的收益水平,指标值越高,表明投资收益越高,投资的经济效益越好。该指标是企业的核心指标,因为所有者为企业收益的最终获益方,在对企业利润进行分配之后,该指标反映了所有者所获取的最终收益,反映的是公司所有者权益的投资报酬率。如 ERP 沙盘模拟训练的初始年度净利润为 2M,所有者权益期初为 64M、期末为 66M,所以计算出的净资产收益率为 3%。

五、标准财务报表

各企业财务报表在进行比较时可发现,由于规模的差别,直接比较两家公司的财务报表几乎是不可能的。一个很普及而有用的方法就是用百分比来替代总金额,形成同比报表或同基年度报表。

(一) 同比报表

使报表标准化的方法之一是在资产负债表上用资产的百分比来表示所有项目,而在利润表中用销售的百分比来表示所有项目,所得出的财务报表称为同比报表。采用这种形式,财务报表相对而言就便于阅读和比较。

(二) 同基年度报表

使财务报表标准化的另一个有用的方法就是选择一个基年,然后采用相对于基年数据的金额来表示每一个项目,所得出的报表称为同基年度报表。这种表示方式适合于进行趋势分析。

第三节　企业综合评价

前面所做的都是从某一特定的角度对企业的财务状况以及经营成果进行分析,都不足以全面地评价企业的总体财务状况以及经营成果。为了弥补这一不足,就必须有一种方法,它能够进行相互关联的分析,将有关的指标和报表结合起来,采用适当的标准进行综合性的分析评价,以达到既全面体现企业整体财务状况,又指出指标与指标之间和指标与报表之间的内在联系的目的。杜邦分析法就是这样一种财务分析方法。这种方法从评价企业绩效最具综合性和代表性的指标——净资产收益率(权益报酬率)出发,层层分解至企业最基本生产要素的使用、成本与费用的构成和企业风险,从而满足通过财务分析进行绩效评价的需要,在经营目标发生异动时经营者能及时查明原因并加以修正,同时为投资者、债权人及政府评价企业提供依据。

一、杜邦分析法

在比率分析法中，每一项财务分析指标都是从某一特定的角度就企业某个方面的经营活动进行的分析，它们都不足以全面评价企业的整体财务状况和经营成果。为弥补这一不足，我们可将所有有关指标按其内在联系结合起来，以全面反映企业整体财务状况及经营业绩，对企业进行总体评价。这种方法称为综合分析法。综合分析的方法有多种，这里着重介绍杜邦分析法。

杜邦分析法就是利用各个主要财务比率指标之间的内在联系，综合分析企业财务状况的方法。利用这种方法可以把各种财务指标之间的关系绘制成杜邦分析图，如图8－1所示。从杜邦分析图中可以了解下列财务信息：

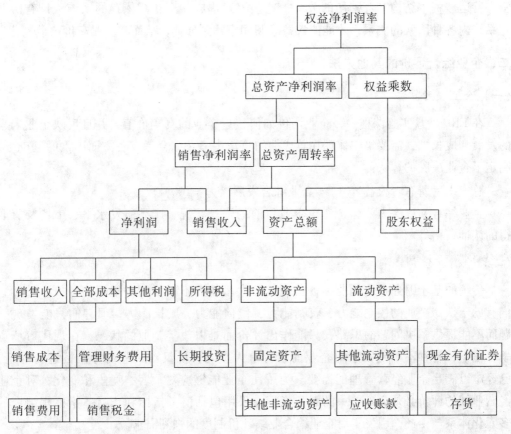

图8－1 杜邦分析图

权益净利润率是一个综合性最强的财务比率，是杜邦系统的核心。它既反映了所有者投入资金的获利能力，又反映了企业财务活动的效率。而权益净利润率的高低，取决于资产净利润率和权益总资产率的高低。

资产净利润率是企业销售成果和资产运营效率的综合体现，它的高低取决于销售净利润率和单资产周转率的高低。

销售净利润率反映了企业净利润率与销售收入的关系，要提高销售净利润率可以通过两条途径来实现：一是扩大销售收入，二是降低成本费用。如此一来，就将销售净利润率与成本水平、资本结构、偿债能力联系起来。要提高销售净利润率不仅要加强成本控制，还要考虑企业的资本结构，以确定合理的负债比率和利息费用。

总资产周转率表示企业资产的总体运营能力。通过总资产周转率，就将销售收入与杜邦分析图反映出的资产的利用情况结合起来，为此就要进一步分析各项资产的占用数和周转速度。

权益总资产率反映股东权益同总资产的关系。通过这一比率，将所有者的收益与资本结构联系起来，揭示出要有效提高权益净利润率，除了要合理使用全部资产外，还要妥善安排资本结构。

综上所述，从杜邦分析图可以看出权益净利润率与企业的销售规模、成本水平、资产营运、资本结构有着密切的关系，这些因素构成一个相互依存的系统。只有协调好系统内各种因素的关系，才能使权益净利润率达到最佳，从而实现股东价值最大化。

二、企业综合评价的其他方法

（一）企业决胜算法

在 ERP 沙盘实验课程中，企业评价如何接近企业的真实价值，并且反映企业未来的发展和成长性，需要集中体现在总成绩的算法中。在综合考虑各方面因素的基础上，制定了企业决胜的算法：

总成绩 = 所有者权益 × （1 + 企业综合发展潜力 ÷ 100）

企业综合发展潜力要综合考虑企业目前的资产状况、产品研发水平、市场及所取得的认证资格等。

（二）平衡计分卡

传统的基于财务报表的业绩评价制度，大多数离不开对财务指标的分析。虽然它们有助于认识企业的控制能力、获利能力、偿债能力、成长能力，但它们只能发现问题而不能提供解决问题的思路，只能作出评价而难以改善企业的状况。在现代市场竞争环境下，各种不确定因素对企业前景有重大影响，仅仅对一些财务指标进行分析，已经难以满足企业经营管理的需要。为了使企业能够应对顾客、竞争和变化，对企业经营业绩的评价必须突破单一的财务指标，采用包括财务指标和非财务指标相结合的多元化体系。由此，引发了对企业综合业绩评价制度的强烈需求。

综合业绩评价制度也称 BSC（平衡计分卡，The Balanced Score Card）是卡普兰和诺顿（Kaplan 和 Norton）等人从 1990 年开始进行的两个实地研究项目，目前已经在美国的很多企业、政府和军事机构中得到应用。平衡计分卡包括四个角度：财务、客户、业务流程以及学习与成长。通过这四个方面的协调及相互影响，能引导企业管理层对企业发展战略进行全方位的思考，确保日常业务运作与企业远景和经营战略保持一致。

综合业绩评价制度将结果（如利润或现金流量）与原因（如顾客或员工满意）联系在一起。财务是最终目标，顾客是关键，企业内部业务流程是基础，企业学习与成长是核心。只有企业学习与成长了，才能持续改善企业内部业务流程，更好地为企业的顾客服务，从而实现企业最终的财务目标。综合业绩评价指标的重要性在于将战略、过程和管理人员联系在一起，提供一种综合的计划与控制系统。它是一种将动态评价与静态评价相统一、将财务指标与非财务指标相结合的具有革命性的业绩评价方法，也是一种推动企业可持续发展的业绩评价制度。

第九章　ERP 电子沙盘的运行

第一节　电子沙盘介绍

电子沙盘是用友软件开发的一款和原有实物沙盘无缝结合的软件系统，它真正实现了将学生的所有操作流程完全输入系统。学生在电脑上可以实现选单、经营、报表生成的全自动，而且也避免了单纯实物沙盘模拟过程中的监控难题，使得指导教师能从繁重的选单、录入和监控工作中解放出来，将重心放在如何引导学生进行实战过程中的策略分析。

电子沙盘拥有以下主要特点：

（1）电子沙盘可以和原有的实物沙盘结合起来同时进行，这样既保留了实物沙盘的直观性和趣味性，又可以展现电子沙盘的严谨与便捷。当然，电子沙盘也可以单独使用。

（2）可以选择6～18组任意组别同时参与，使得参与课程的人数可以大大提高。

（3）操作顺序是系统设定好的，学生必须按顺序操作，同时也不能随便反悔，这样就避免了作弊。

（4）自动核对现金流，自动生成报表，自动对学生的每一步操作是否符合规则进行验证。

（5）可以改变运行参数，从而改变运行的难度。

第二节　教师服务器端操作说明

一、启动服务

系统在服务器上安装好以后，开始使用的时候需要将服务器打开，然后插入加密狗，接着双击桌面上的快捷方式"电子沙盘控制台"，再从控制台启动服务，当桌面右下角出现"创业者"图标时，服务启动，如图9-1、图9-2所示。

图 9 - 1

图 9 - 2

二、进入系统

　　启动服务以后，打开 IE 浏览器，在地址栏输入"http：//服务器地址或服务器机器名/manage"（服务器地址的查询方法为：点击服务器左下角"开始"，再点击"运行"，输入"cmd"，在弹出来的提示符窗口中输入 ipconfig，就可以看到本机 IP 地址），这样就可以进入教师端，如图 9 - 3 所示。

图 9 - 3

三、超级用户

　　系统自带了一个不可更改的管理员，用户名为"admin"，密码为"admin"（可修改）。这个管理员叫做超级用户，之所以叫做超级用户，是因为他的权限非常大，包括确定分组方案、修订系统运行参数以及添加管理员等。需要特别注意的是，超级用户不同于管理员，不能参与具体的运行管理，而必须由超级用户创建的管理员来管理具体的运行过程。具体来说，超级用户的操作权限为：

（一）参数设置

如图 9 - 4 所示，系统有一个默认参数值。可以根据前面章节中 ERP 沙盘模拟课程的规则，修改经营参数。

图 9 - 4

（二）确定分组方案

在所有学生端用户退出系统的前提下，超级用户点选"数据初始化"，弹出如图 9 - 5 的界面后，选择分组方案，并执行初始化，并且将用户名定义为 U01、U02、U03 ……（初始密码为 1），将用户状态设置为"NEW"，经营时间设为第一年第一季。

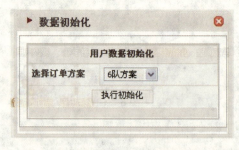

图 9 - 5

（三）添加运行管理员

如图 9 - 6 所示，单击管理员列表，添加管理员，添加的这个管理员将执行运行过程中的后台管理工作。

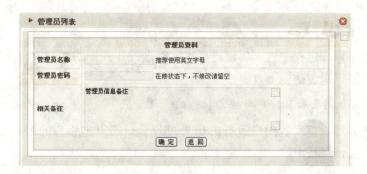

图 9 - 6

（四）数据备份和恢复

数据备份分为手工和自动两种方式。

手工备份的方法为：在超级用户界面点击"数据备份"，在弹出的对话框中填好备份文件名，点击"执行备份"即可。需要特别注意的是，训练记录必须备份才能留档。

自动备份则是每隔 15 分钟（可改变参数），系统自动备份一次，以时间命名。手工备份和自动备份的保存路径均为"C：Program Files ＼创业者＼AutoBackup"，手工备份的数据可以在不同服务器上拷贝恢复，而自动备份的数据则不可以在不同服务器上拷贝恢复。

数据的恢复则是在"数据备份"对话框中的"文件列表"中选择要恢复的文件名，然后点击"执行恢复"即可。

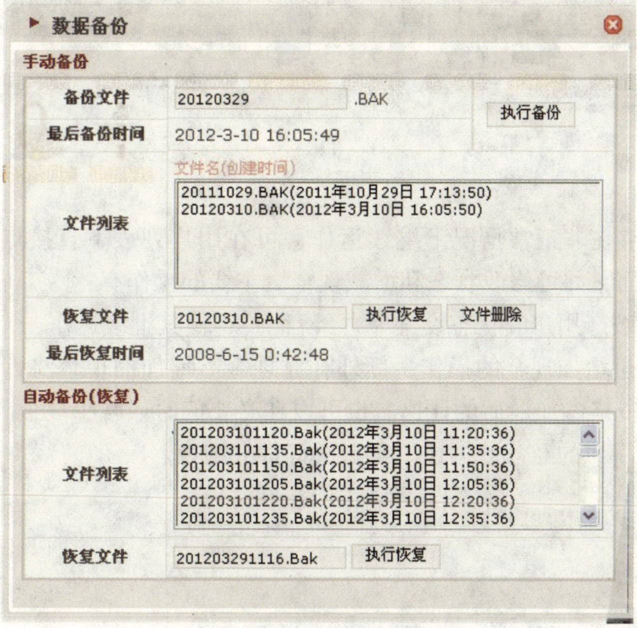

图 9 - 7

四、管理员

管理员是在训练过程中进入后台进行实际管理操作控制的用户,由超级用户添加。管理员的职责和权限包括以下方面:

（一）用户资源查询及基本信息与经营状态的修改

管理员可以随时查询各用户运行的历史过程,只需点击相应的用户名,详细信息就会显示在右边信息栏中。

图 9-8

为使用户能够在非正常情况下继续运作,可在用户列表下直接点击用户名,进入用户信息查看界面,并可修改状态和增减现金。主要的操作有:

（1）可以将破产用户的状态设置为"经营中",使其继续运作。

（2）可以通过增加现金的操作,额外补充现金。增加的现金将计入当年的股东资本,但公司没有资格参加最后的评比。也可以在必要的时候减少现金。

（3）可以将用户的经营数据还原至上次订货会结束。

图 9-9

（二）订单管理

当所有用户广告投放完毕，即可开单。

如有用户不参加选单，可将其状态设为"新用户"或"破产"，即可开单。但投了广告的用户必须参加选单，如果投了广告后设成"破产"则无法开单。

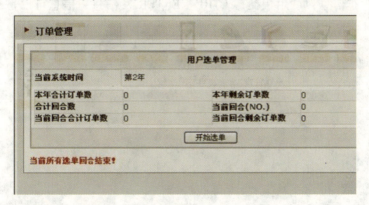

图 9-10

（三）公共信息查看与发布

如图 9-11 所示，在各公司提交报表后可以获得该年度各公司权益情况，可以查看当年的各市场老大，可以点击查看本年集成各队的报表及本年的广告投放。在展示报表窗口，可以通过将报表转换成 Excel 表输出。

图 9-11

如图 9-12 所示，可用系统公告，向所有公司发布信息，也可选择某一公司，单独向该公司发布信息；可用快捷键 CTRL + ENTER 发信息；信息可以是图文、表情、文字。

图 9-12

如图 9-13 所示，管理员想让每组都看到所有的报表情况，可以选择年度报表的所有项，然后复制。

用户名	V01	V02	V03	V04	V05	V06
现金	112	42	8	16	34	33
应收款	0	0	0	0	0	0
在制品	6	6	0	4	4	6
产成品	0	0	0	0	0	0
原料	0	1	4	0	10	0
流动资产合计	118	49	12	20	48	39
厂房	40	40	40	40	0	0
机器设备	40	20	30	30	50	30
在建工程	30	15	0	0	0	10
固定资产合计	110	75	70	70	50	40
资产总计	228	124	82	90	98	79
长期负债	150	40	0	0	0	0
短期负债	0	0	0	0	20	0
所得税	0	0	0	0	0	0
负债合计	150	40	0	0	20	0
股东资本	100	100	100	100	100	100
利润留存	0	0	0	0	0	0
年度净利	-22	-16	-18	-10	-22	-21
所有者权益合计	78	84	82	90	78	79
负债和所有者权益总计	228	124	82	90	98	79

第1年 资产负债表

图 9 - 13

　　然后，如图 9 - 14 所示，点击信息发布的图文按钮，将年度报表粘贴到图文编辑窗口。

图 9 - 14

最后，如图 9 - 15 所示，点击窗口下方的"确认提交"按钮完成发送。

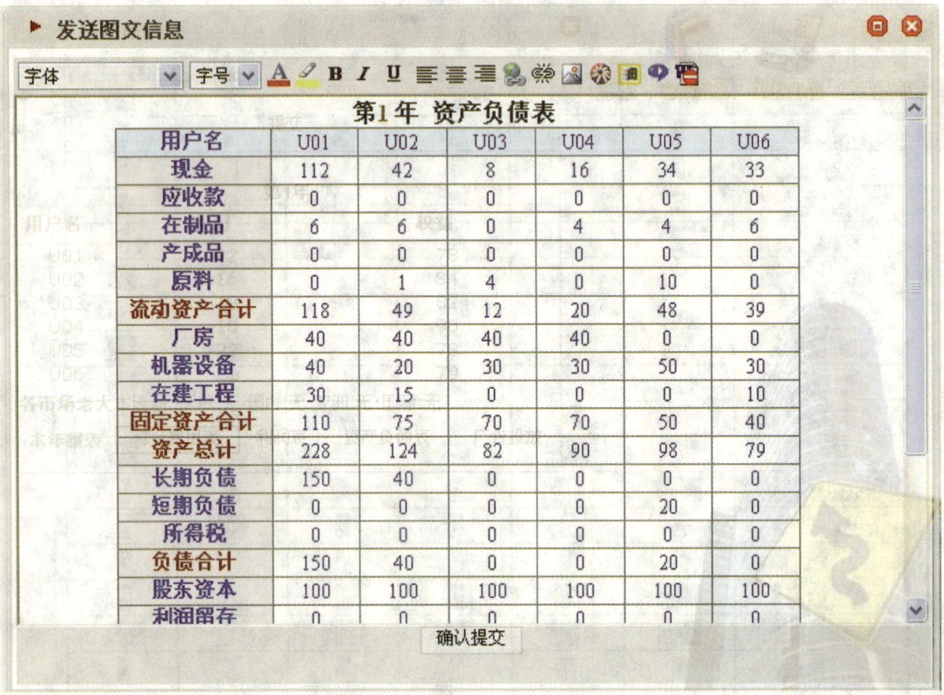

图 9 - 15

（四）训练排名

点击"排行榜"图标，进入排名查询；双击得分，可进行排序；排名得分由系统综合当年的权益和生产能力计算得出。总分 = 最终权益 × （1 + A/100）－罚分。综合得分 A 为图 9 - 16 所示各项得分分数之和，罚分可由裁判预先设定（报表准确性，关账是否及时，广告投放是否及时，盘面与系统数据是否一致，是否有影响比赛的不良行为）。

手工生产线	+5/条
半自动生产线	+7/条
全自动/柔性线	+10/条
区域市场开发	10
国内市场开发	10
亚洲市场开发	10
国际市场开发	10
TS9000	10
TS014000	10
P1 产品开发	10
P2 产品开发	10
P3 产品开发	10
P4 产品开发	10

图 9 - 16

（五）经营分析

点击经营分析图表，可选择销售分析、成本效益分析、财务指标分析，查看相应的分析结果图形。

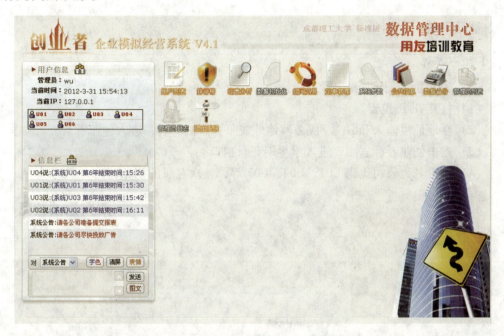

图 9-17

（六）组间交易

出货方（卖方）账务处理视同销售，入货方视同紧急采购；只允许现金交易，并且只能交易产成品（P1，P2，P3，P4）；管理员需要判断双方系统时间是否符合逻辑（系统要求必须同一年份），是否存在合谋。具体操作如图 9-18 所示。

图 9-18

第三节 学生站点端操作说明

一、登录系统

(一) 进入系统

进入系统需要按照下列步骤进行:

(1) 打开 IE 浏览器。

(2) 在地址栏输入 http://服务器地址或服务器机器名,进入创业者系统。

(3) 点击创业者标志图,进入学生端登录窗口。

(4) 用户名为公司代码 U01、U02、U03 等,首次登录的初始密码为 "1"。

图 9 - 19

(二) 首次登录填写信息

只有第一次登录需要填写以下信息:

公司名称 (必填)、所属学校 (必填)、各职位人员姓名 (如有多人,可以在一个职位中输入两个以上的人员姓名) (必填)。如图 9 - 20 所示,登记确认后不可更改。

图 9 - 20

二、流程运行任务

系统中的操作分为基本流程和特殊流程，基本流程要求按照一定的顺序依次执行，不允许改变其执行的顺序。如图 9 - 21 和表 9 - 1 所示。

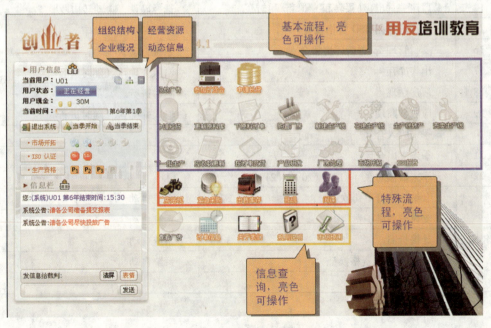

图 9 - 21

表 9 - 1

		手工操作流程	系统操作
年初		新年度规划会议	
		广告投放	输入广告费确认
		参加订货会选订单/登记订单	选单
		支付应付税	系统自动
		支付长期贷款利息	系统自动
		更新长期贷款/长期贷款还款	系统自动
		申请长期贷款	输入贷款数额并确认
	1	季初盘点（请填余额）	产品下线，生产线完工（自动）
	2	更新短期贷款/短期贷款还本付息	系统自动
	3	申请短期贷款	输入贷款数额并确认
	4	原材料入库/更新原料订单	需要确认金额
	5	下原料订单	输入并确认
	6	购买/租用——厂房	选择并确认，自动扣现金
	7	更新生产/完工入库	系统自动
	8	新建/在建/转产/变卖——生产线	选择并确认
	9	紧急采购（随时进行）	随时进行输入并确认
	10	开始下一批生产	选择并确认
	11	更新应收款/应收款收现	需要输入到期金额
	12	按订单交货	选择交货订单确认
	13	产品研发投资	选择并确认
	14	厂房——出售(买转租)/退租/租转买	选择确认，自动转应收款
	15	新市场开拓/ISO 资格投资	仅第四季允许操作
	16	支付管理费/更新厂房租金	系统自动
	17	出售库存	输入并确认（随时进行）
	18	厂房贴现	随时进行
	19	应收款贴现	输入并确认（随时进行）
	20	季末收入合计	
	21	季末支出合计	
	22	季末数额对账 [(1) + (20) - (21)]	
年末		缴纳违约订单罚款	系统自动
		支付设备维护费	系统自动
		计提折旧	系统自动
		新市场/ISO 资格换证	系统自动
		结账	

（一）年初任务

1. 投放广告

没有获得任何市场准入证时不能投放广告（系统认为其投放金额只能为 0）；在投放广告窗口中，市场名称为红色表示尚未开发完成，不可投广告；完成所有市场产品投放后，选择"确认投放"后退出，退出后不能返回更改；投放完成后，可以通过广告查询，查看已经完成投放广告的其他公司的广告投放；广告投放确认后，长期贷款本息及税金同时被自动扣除。

图 9 - 22

图 9 - 23

2. 订货会

系统自动依据以下规则确定选单顺序：

（1）上年市场销售第一名（无违约）为市场老大，优先选单；若有多队销售并列第一则市场老大由系统随机决定，可能为其中某队，也可能无老大。

（2）本市场本产品广告额。

（3）本市场广告总额。

（4）本市场上年销售排名。

（5）仍不能判定，先投广告者先选。

注意：投 1M 广告有一次选单机会，此后每增加 2M，多一次选单机会。

选单程序：

系统中将某市场某产品的选单过程称为回合（最多 20 回合），每回合选单可能有若干轮，每轮选单中，各队按照排定的顺序，依次选单，但只能选一张订单。当所有队都选完一次后，若再有订单，开始进行第二轮选单，各队行使第二次选单机会，依次类推，直到所有订单被选完或所有队退出选单为止，本回合结束。当轮到某一公司选单时，"系统"以倒计时的形式，给出本次选单的剩余时间，每次选单的时间上限为系统设置的选单时间，即在规定的时间内必须做出选择（选择订单或选择放弃），否则系统自动视为放弃选择订单。无论是主动放弃还是操作超时系统放弃，都将视为退出本回合的选单。必须在倒计时大于 10 秒时选单，出现确认框要在 3 秒内按下确认按钮，否则可能造成选单无效。不可选订单显示为红色；系统自动判定是否有 ISO 资格；某队可放弃本回合选单，但仍可查看其他队选单。

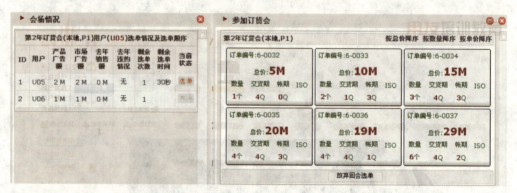

图 9 - 24

3. 长期贷款

选单结束后直接操作，一年只此一次，然后再按"当季开始"按钮；不可超出最大贷款额度；可选择贷款年限，确认后不可更改；贷款额为 10 的倍数。

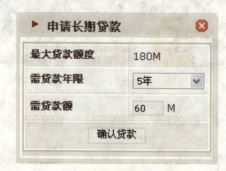

图 9 - 25

（二）季度任务

1. 四季任务启动与结束

每季经营开始及结束需要确认当季开始、当季（年）结束，第四季显示为当年结束；请注意操作权限，亮色按钮为可操作权限；如破产则无法继续经营，自动退出系统，可联系裁判；现金不够请紧急融资（出售库存、贴现、厂房贴现）。

　　更新原料库和更新应收款为每季必走流程，操作顺序并无严格要求，但建议按流程走，选择操作请双击。

图 9 - 26

　　（1）当季开始

　　选单结束或长期贷款后当季开始，开始新一季经营需要当季开始，系统自动扣除短期贷款本息，系统自动完成更新生产、产品入库及转产操作。

图 9 - 27

　　（2）当季结束

　　一季经营完成需要当季结束确认；系统自动扣管理费（1M/季）及租金，并且检测产品开发完成情况。

图 9 - 28

2. 申请短期贷款

一季只能操作一次，申请额为 20 的倍数，长、短期贷款总额（已贷 + 欲贷）不可超过上年权益规定的倍数。

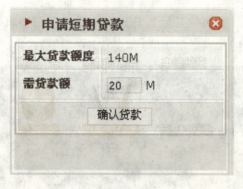

图 9 - 29

3. 原材料入库

系统自动提示需要支付的现金（不可更改），只需要选择"确认更新"即可，如图 9 - 30 所示；系统自动扣减现金；确认更新后，后续的操作权限方可开启（从下原料订单到更新应收款），前面操作权限关闭；一季只能操作一次。

图 9 - 30

4. 下原料订单

如图 9-31 所示，输入所有需要的原料数量，然后按"确认订购"，一季只能操作一次；确认订购后不可退订；可以不下订单。

图 9-31

5. 购置厂房

厂房可买可租，最多只可使用一大一小两个厂房，生产线不可在不同厂房移位。

图 9-32

6. 新建生产线

需选择厂房、生产线类型、生产产品类型；可在查询窗口查询；一季可操作多次，直至生产位铺满。

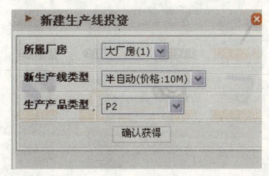

图 9-33

7. 在建生产线

系统自动列出投资未完成的生产线；复选需要继续投资的生产线；可以不选；一季只可操作一次，如图 9-34 所示。

图 9-34

8. 生产线转产

系统自动列出符合转产要求的生产线（建成且没有在产品的生产线）；单选一条生产线，并选择转产的生产产品；可多次操作。

图 9-35

9. 变卖生产线

系统自动列出可变卖生产线（建成后没有在制品的空置生产线，转产中生产线也可变卖）；如图 9-36 所示，单选操作生产线后，按"确认变卖"按钮；可重复操作，也可放弃操作；变卖生产线后，从价值中按残值收回现金，高于残值的部分记入当年费用的损失项目。

图 9 - 36

10. 开始下一批生产

系统自动列出可以进行生产的生产线；自动检测原料、生产资格、加工费；如图 9 - 37 所示，依次点击"开始生产"按钮，可以停产；系统自动扣除原料及加工费。

图 9 - 37

11. 应收款更新

不提示本期到期的应收款；需要自行填入到期应收款的金额，多填不允许操作，少填时，则按实际填写的金额收现，少收部分转入下一期应收款；完成此步操作后，前面的各项操作权限关闭（不能返回以前的操作任务），并开启以后的操作任务——即按订单交货、产品开发、厂房处理等权限。

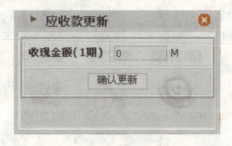

图 9 - 38

12. 按订单交货

系统自动列出当年未交订单；自动检测成品库存是否足够，交单时间是否过期；如图 9-39 所示，按"确认交货"按钮，系统自动增加应收款或现金；超过交货期则不能交货，系统收回违约订单，并在年底扣除违约金（列支在损失项目中）。

图 9-39

13. 产品开发

复选操作，需同时选定要开发的所有产品，一季只允许操作一次；如图 9-40 所示，按"确认投资"按钮确认并退出本窗口，一旦退出，则本季度不能再次进入；当季结束，系统自动检测产品开发是否完成。

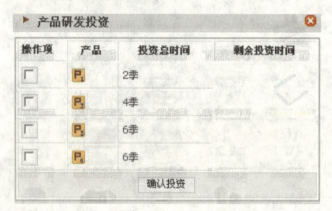

图 9-40

14. 厂房处理

如果拥有厂房且无生产线，可卖出厂房，增加 4Q 应收款，并删除厂房；如果拥有厂房但有生产线，卖出后增加 4Q 应收款，自动转为租，并扣除当年租金，记下租入时间。租入厂房距上次支付租金满一年，可以转为购买（租转买），并立即扣除现金；如果无生产线，可退租删除厂房；如果不执行本操作，视为续租，并在当季结束时自动扣除下一年租金。

图9-41

（三）年末任务

1. 市场开拓

复选操作，如图9-42所示，选择所有要开发的市场，然后按"确认投资"按钮；只有第四季可操作一次；第四季结束，系统自动检测市场开拓是否完成。

图9-42

2. ISO认证投资

复选操作，如图9-43所示，选择所有要开发的市场，然后按"确认投资"按钮；只有第四季可操作一次；第四季结束，系统自动检测开拓是否完成。

图9-43

3. 当年结束

第四季经营结束，则需要当年结束，确认一年经营完成；系统自动完成如图 9 – 44 所示任务，并在后台生成财务报表。

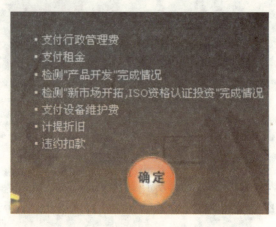

图 9 – 44

三、特殊运行任务

特殊运行任务是不受正常流程运行顺序的限制、当需要时就可以操作的任务。此类操作分为两类：第一类为运行类操作，这类操作改变企业资源的状态，如固定资产变为流动资产等；第二类操作为查询类操作，该类操作不改变任何资源状态，只是查询资源情况。

1. 厂房贴现

可在任意时间操作；将厂房卖出，获得现金；如果无生产线，厂房原值售出后，所有售价按四季应收款全部贴现；如果有生产线，除按售价贴现外，还要再扣除租金；系统自动全部贴现，不允许部分贴现。

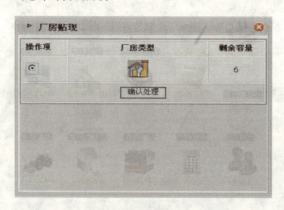

图 9 – 45

2. 紧急采购

可在任意时间操作；如图 9 – 46 所示，单选需购买的原料或产品，填写购买数量后点击"确认订购"按钮；原料及产品的价格列示在右侧栏中；可以立即扣款到货；购买的原料和产品均按照标准价格计算，高于标准价格的部分，记入损失项。

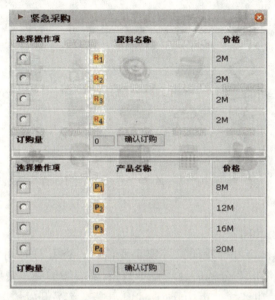

图 9 - 46

3. 出售库存

可在任意时间操作；如图 9 - 47 所示，填入售出原料或产品的数量，然后点击"确认出售"按钮；原料、成品按照系统设置的折扣率回收现金；售出后的损失部分记入费用的损失项；所取现金向下取整。

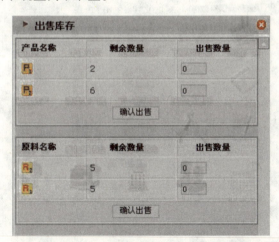

图 9 - 47

4. 贴现

可在任意时间操作；次数不限；1、2 季与 3、4 季分开；1、2 （3、4 季）季应收款加总贴现；填入贴现额应小于等于应收款；输入贴现额乘对应贴现率，求得贴现费用（向上取整），贴现费用记入财务支出，其他部分增加现金。

图 9 - 48

5. 商业情报收集（间谍）

可在任意时间操作，可查看任意一家企业信息，查看总时间为 10 分钟（可变参数），第二次查看必须在 50 分钟后（可变参数）；需要缴纳一定费用或免费（由裁判设定）；可以查看厂房、生产线、市场开拓、ISO 开拓、产品开发情况。

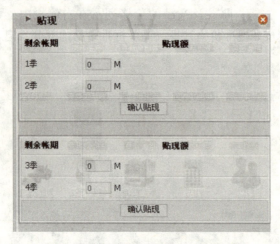

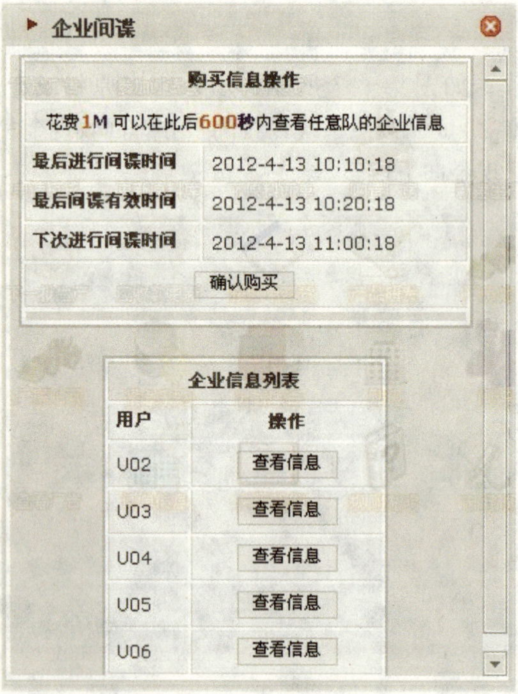

图 9 - 49

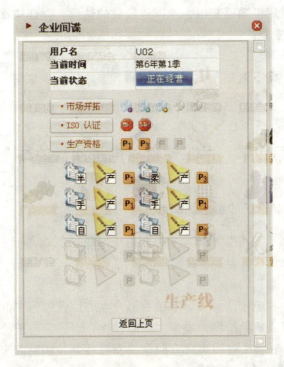

图 9-50

6. 订单信息

可在任意时间操作，可查所有订单信息及状态。

ID	订单ID	产品	数量	市场	总价	状态	得单时间	交货期	帐期	交货时间
2	133	P1	1	本地	6M	违约	第3年第1季	1季	3季	
1	144	P1	6	本地	26M	违约	第3年第1季	4季	2季	

页次:1/1页 共2条 10条/页　　【首页】【上页】【下页】【末页】转到第 1 页 GO!

图 9-51

7. 破产检测

广告投放完毕、当季开始、当季（年）结束、更新原料库等处，系统自动检测已有现金加上最大贴现即出售所有库存及厂房贴现，是否足够本次支出，如果不够，则破产退出系统；如需继续经营，可联系管理员（教师）进行处理。当年结束，若权益为负，则破产退出系统；如需继续经营，可联系管理员（教师）进行处理。

8. 其他

需要付现操作系统均会自动检测，如不够，则无法进行下去；请注意更新原料库和更新应收款两个操作是其他操作的开关；对操作顺序并无严格要求，但建议按顺序操作；可通过 IM 与管理员（教师）联系；市场开拓与 ISO 投资仅第四季可操作；广告投放完，可通过查看广告知道其他企业广告投放的情况；操作中发生显示不当，立即按 F5 键刷新或退出重登。

9. 出现小数处理规则

违约金扣除——向下取整，库存拍卖所得现金——向下取整，贴现费用——向上取整，扣税——向下取整。

第四节　手工沙盘与电子沙盘的结合

一、ERP 手工沙盘与电子沙盘的优缺点

用友 ERP 手工沙盘已经推出五六年，而电子沙盘是最近两年才开始推行的，是对手工沙盘的一个升级换代，但是，我们应该看到，手工沙盘和电子沙盘各有其优缺点。

（1）手工沙盘

其优点是直观性和趣味性强。学生在手工沙盘的运营过程中能够有亲身参与感和企业使命感，真正投入角色扮演，增强主观能动性，而且参与扮演 5 个角色的同学都有不同的具体职责，在整个过程里所有同学的积极性都被调动起来，通过互相的讨论和合作增强团队合作的能力和精神。

其缺点是在企业监控上难度很大。指导老师必须花费大量时间和精力来进行监控，且效果不佳，学生很容易产生作弊行为，而且老师必须面临繁重的选单录入、报表录入和监控等具体操作，很难将注意力放在如何更好地指导学生进行企业经营，让学生真正从战略上和执行上了解企业经营的本质和真谛。

（2）电子沙盘

其优点是可控性强。学生的每一步操作都要输入电脑，而且每一步操作都具有不可逆转性，这样更贴近真实的企业运作环境，因此迫使学生在进行操作的时候更加谨慎，认真负责地面对每一项决定。电子沙盘也使得老师彻底从繁重的监控和录入操作中解放出来，能有更多的时间和精力关注每一组的战略和执行情况，有的放矢地给予学生智力支持；而学生也不可能再出现作弊的情况，所有的操作都由系统自动在后台严格按照规则审批操作的合规性，违规的操作在电子沙盘里根本没有机会执行。另外，电子沙盘还有一个优点就是突破了手工沙盘的盘面限制，可以使得参与沙盘模拟的学生人数大大增加。

其缺点是它将许多需要由我们根据规则亲自动笔计算的步骤放到了后台自动完成。有了计算机辅助，容易产生依赖感，在模拟经营时不经过仔细的推算和规划，就急于点击进入下一个模块。尽管电子沙盘让实验流程加快了，但决策错误也随之增加。另外，电子沙盘由于其不够直观，所有小组成员的参与程度差别很大，有的同学会显得无所事事，而且正由于其不可逆转性和快捷性，使得电子沙盘不太适合第一次接触 ERP 沙盘的同学，而更加适合接触过手工沙盘、对整个流程和相关知识有一定基础的同学，这样的同学做起电子沙盘来才会得心应手。

二、手工沙盘与电子沙盘的差异性

手工沙盘与电子沙盘在设计之初，规则上存在一些细微的差别，本教材将两者的规则进行了统一，但是，它们还在其他方面存在一些差别，主要是：

（1）初始状态不同。手工沙盘是有初始状态的，初始状态如第四章所述，也就是说，在手工沙盘里，同学们接手的是一个存续多年的企业，有自己相应的资产、负债和所有者权益，有自己已经开拓的市场和产品；而电子沙盘是假设以创业模式进行，除了初始的股东资本（现金）以外，没有其他任何初始状态，一切都要从零开始。

（2）电子沙盘的流程控制更加严格，必须严格按照系统里的操作顺序来进行，否则便无法点击按钮，尤其是一些在手工沙盘里模棱两可的顺序，如必须先还旧债再借新债。

（3）有一些信息在手工沙盘里直观可见，而在电子沙盘里则隐蔽性比较强，需要同学用表格记录，如应收账款信息、贷款信息等。

（4）电子沙盘的一些参数是可以调整的，参数调整后运行难度也就改变了，这样就可以根据参与者的知识和能力程度进行微调。

三、手工沙盘与电子沙盘结合的模式

手工沙盘与电子沙盘由于各有其优缺点，因此，到底两者如何结合，也有几种模式可以选择：

（1）先用手工沙盘做完教学年和第一年经营，再将电子沙盘与手工沙盘结合，重新从创业状态开始经营。

这是笔者在经过多次教学实践后，总结出来的最有效、最适合初次参与者的一种模式，这种模式能够使学生在有限的时间内完整地体验ERP沙盘，也能够有效地取长补短，发挥两种沙盘的最大效力。

首先，用手工沙盘做完教学年和第一年经营，能够使学生有一个直观的初步印象，尤其是对第一次接触ERP沙盘的同学来说，消弭了陌生感，熟悉了规则，也让他们能够更快地进入角色，解决了一开始就进行电子沙盘所难以避免的高差错率。而且由于本教材将手工沙盘和电子沙盘的规则做了统一，也使得一开始用手工沙盘操作了两年的学生所熟悉的规则是和后面用电子沙盘操作完全一样的规则。

其次，在经过纯手工沙盘两年的操作后，再重新从创业模式开始电子沙盘的操作，在进行电子沙盘操作的同时，学生也必须在手工沙盘上一一对应地进行操作。这样就既兼具了手工沙盘的直观性和体验性，又结合了电子沙盘良好的监控能力，同时也控制了整个沙盘操作的节奏，使得学生不至于盲目地在计算机上点击，完全忽略规划和推算。

（2）先做完纯手工沙盘的操作，再重新开始完成电子沙盘和手工沙盘结合的操作。

如果本门课程的课时比较充裕，能够达到至少50个学时以上，也可以采取这种模式。这种模式的优点是可以慢工出细活，先通过6年完整的手工沙盘操作，让学生掌握运营规则，了解运营程序，并对企业营运的本质有了一定程度的了解和探究。在这个基础上，再进行电子沙盘，则有事半功倍的效果，学生可以在之前手工沙盘的基础上总结经验教训，体会企业经营的得失，将他们感受到的经验在电子沙盘的经营中加以运用，将已经出现的问题在新一轮的实践中加以克服。这样，学生在进行电子沙盘和手工沙盘结合操作的时候一方面心中有数，知道一个企业的成功运营需要从哪些方面来考虑；另一方面在操作上也驾轻就熟，可以以更好的状态来全新投入到企业的战略规划和具体运营中。

（3）电子沙盘与手工沙盘结合操作一次。

如果是针对已经操作过手工沙盘的学生，或者是针对即将参加 ERP 沙盘大赛的学生，则可以直接将电子沙盘与手工沙盘结合进行操作。需要注意的是，电子沙盘也可单独操作，不与手工沙盘结合，但效果明显不如结合手工沙盘。电子沙盘与手工沙盘结合操作，可以让学生在盘面上直观地观察企业经营的现状，更加适合全局性的战略考量。

第三篇　提高篇

第十章　特殊业务处理

在 ERP 沙盘模拟实验中，实物形态的模拟教具、软件系统以及运行规则是事先确定并相对稳定的。但在每次的实际运行过程中，总会出现一些新的特殊业务，此时，不管是作为参与者的学生，还是作为组织者的教师，都需要考虑应该对这些新兴业务进行怎样的妥善处理。在以往的 ERP 实物沙盘模拟实验教学过程中，我们发现管理团队之间相互买卖产品、不能如期交货而被罚款、相互融资投资等特殊业务时有发生，而这些特殊业务在现有的运行规则和记录系统里是不能很好解决的，需要进行专门的特殊处理。本章主要介绍对这些特殊业务的特殊处理方法。

第一节　相互交易产品的特殊处理

在 ERP 沙盘模拟实验的运行过程中，某管理团队可能在产品销售订单争取时，拿到了比较大的产品订单，但限于产能瓶颈，在本期不能生产出足够数量的产品，面临着不能如期交货而被罚款的问题。与之相反的另一管理团队，则可能只拿到一个相对较小的订单，却生产出足够数量的产品，面临着产品不能销售而被积压和流动资金被占用的问题。在此条件下，这两个管理团队管理的模拟企业相互之间就可能进行某种产品交易。在相互交易产品过程中，买卖双方需要就商品的数量和价格进行磋商。买入产品方需要将相互交易产品中自身付出的代价与不能如期交货而遭遇的罚款进行比较权衡，卖出产品方则需要考虑自身在这种相互交易中得到多少利润。因而，根据买卖双方的权衡和磋商，相互交易产品中最后的成交价格会介于产品的生产成本和市场售价之间。不管怎样，原有的运行规则和记录系统都不支持这种相互交易，实验组织者和参与者需要对这种特殊业务进行特殊处理。

一、买入产品方的处理

买入产品方在相互交易产品后，就可以按照订单上的产品数量和价格，顺利地完成本期订单的交货，不会存在违约罚款的问题。但现在的问题是，此时，记录系统已经默认了买入产品方是按照产品的生产成本取得产品，并按售价销售产品的，系统记录取得一定的毛利（记录毛利＝销售价格－直接成本），而且，这些信息是不能在记录系统里进行修改的。这些记录与真实的情况并不吻合。真实的情况是，买入产品方对部分产品的取得并不是按生产成本，而是按买卖双方磋商的价格取得的，真实毛利应为销售价格与磋商价格之差，即真实毛利＝销售价格－磋商价格。一般来说，真实毛利应小于记录毛利，这两者之间的差应冲销买入产品方的毛利，应当作为买入产品方的其他支出处理，这样，才能将系统记录的毛利调整成真实毛利，将系统记录的内容调整成为与真实情况相符。买入产品方记录毛利和真实毛利之间的关系如图 10 - 1 所示：

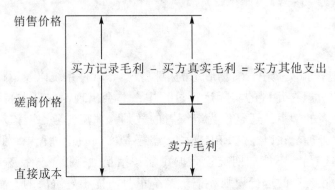

图 10 - 1　买入产品方的记录毛利与真实毛利之间的关系

二、卖出产品方的处理

卖出产品方在相互交易产品后，由于系统是按照当初争取市场订单的情况自动生成该模拟企业的销售收入、直接成本和毛利的，很显然，这部分相互销售的产品没有包括在订单里面，记录系统对这种相互交易产品的卖方的行为视而不见，没有做出应有的反映。卖出产品方的行为很明确，即按照直接成本的代价取得的产品，再按照磋商价格卖出这些产品，它的真实毛利应该为直接成本与磋商价格之差，即卖方毛利 = 磋商价格 - 直接成本，但系统对该项交易的记录毛利为零。因此，这部分卖方毛利应该在卖出产品方的其他收入一项中进行补充登记。卖出产品方的记录毛利和真实毛利之间的关系如图 10 - 2 所示：

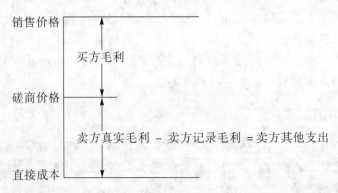

图 10 - 2　卖出产品方的记录毛利与真实毛利之间的关系

买卖双方进行相互交易产品，在系统未能对这种情况进行正确处理的情况下，通过上述买入产品方和卖出产品方的特别处理后，使系统能够真实完整记录买卖双方相互交易产品的业务，对系统存在的上述问题进行了完善。

第二节　接受违约罚款的特殊处理

在 ERP 沙盘模拟实验中，相关规则对如期如时按订单交货进行了特别规定。规则要求加急订单必须在当年内第一季度交货，普通订单可以在当年内任一季度交货。模拟企业如果因产能不足或其他原因，本年不能交货，企业为此应受到如下处罚：第一，模拟企业因不守信用市场地位下降一级；第二，模拟企业下一年该订单必须最先交货；第三，模拟企业交货时扣除该张订单总额的 25% 取整作为违约金。

在此规定中，模拟企业本年不能交货，留待下一年才交货。但这一规定会给现实操作带来一个问题：如果该企业真的不能交货，留待下一年度交货，那么企业当年的业务并没有完成，当年的财务报表包括资产负债表和利润表就无法填列，更不能将本企业和其他企业的运行情况进行比较分析。因此，在现实操作中，我们认为合理的做法是，假定该模拟企业是一个违约罚款加正常交货，在具体处理时就要注意其操作细节的特殊性。

违约罚款的处理很容易，直接作为财务支出处理，计入利润表中的"财务收入/支出"项。记录系统已经认同该企业正常交货了，其销售收入、直接成本、毛利都是按照订单上的数据进行了记录。

现在的问题是，作为实物形态的产品却并没有达到订单上的交货数量，如果将实物形态的产品等到下一年度才实际交货，这实际上会给本年度的物流和现金流带来矛盾问题。因此，正确的处理是，模拟企业按照该产品"直接成本"的构成用企业的原材料和人工费用直接"拼凑"出而不是按生产流程生产出足够数量的产品，并在本年度内完成该产品的实物形态的交货。交货完成后，组织者按订单上的信息开出"应收账款"凭条，从而完成本年度的交货过程。

通过直接"拼凑"产品，进行实物形态的交货，通过"财务支出"记录罚款，这样，就将模拟企业的非正常交货转变为正常交货处理。这样一来，实物流转结束，现金流转正常，报表处理完成，真正做到本年遗留的问题也能在本年处理完成，而不留下任何后续问题。我们认为，这应该是一种对"未能如期交货而被罚款"问题的比较好的处理方法。

第三节　相互融资投资的特殊处理

在 ERP 沙盘模拟中，记录系统提供的主要融资方式有长期贷款、短期贷款、高利贷和应收账款贴现。而记录系统提供的金融投资方式则几乎没有。在实际的运行过程中，有的模拟企业的上述融资方法都可能受阻，而另一些企业则可能存在短期的大量资金闲置，在这种情况下，资金短缺方和资金闲置方之间的相互融资投资就成为可能。一旦发生模拟企业之间相互融资投资后，由于原有记录系统是没有内置这一功能的，这就需要对融资方和投资方进行相应的特殊处理。

一、融资方的处理

模拟企业相互融资投资的融资方和投资方在对投融资的时间、金额和利息进行谈判和磋商，达成一致后，融资方从投资方处取得一笔资金的使用权，并可将这一笔资金进行企业运营过程的流转，在资金使用期满后，融资方应归还本金，并支付一定数量的利息，从而完成本次融资过程。

融资方在取得资金使用权时，可以直接登记资产负债表里现金资产的增加和应付账款的增加，而在利润表项目里暂时不做任何反映。

融资方在归还本金和支付利息时，可以直接登记资产负债表里现金资产的减少和应付账款的减少，且将利息部分在利润表项目里登记财务支出。

经过这样的简易处理后，相互融资的融资方就将原有记录系统里没有涉及的业务进行了合理的处理。

二、投资方的处理

模拟企业相互融资投资的融资方和投资方在对投融资的时间、金额和利息进行谈判和磋商，达成一致后，投资方向融资方让渡一笔资金的使用权，并将现金实物转移给融资方，在使用期满后，收回本金，并获取一定数量的利息。

投资方在投放资金时，将现金实物转移给融资方，可以直接登记资产负债表里现金资产的减少和应收账款的增加，而在利润表项目里暂时不做任何反映。

投资方在收回本金和获取利息，并收回现金实物时，可以直接登记资产负债表里现金的增加和应收账款的减少，且在利润表项目里登记财务收入。

通过对模拟企业相互之间融资和投资的这种简易处理后，将原有系统未曾考虑到的业务进行了补充和完善，使模拟企业的融资途径更为多样，以缓解急需资金企业的燃眉之急。

第十一章　实战策略选择

ERP 沙盘模拟的参与人员在实验过程中，要真正取得运行的成功和竞赛的胜出，除了应具备丰富的企业管理知识和进行规范的运行管理之外，还需要贯彻一些重要的经营管理理念和进行关键战略选择。本章主要介绍 ERP 沙盘模拟实验中的各种经营管理理念和关键战略选择。

第一节　重要实战理念

在 ERP 沙盘模拟实验中，模拟企业的管理者要想获得实验的成功和竞赛的胜出，需要自始至终贯彻一些基本的经营管理理念，主要包括战略理念、系统理念、竞合理念、权衡理念。

一、战略理念

在 ERP 沙盘模拟实验中，实验参与者特别是首席执行官应当具有高度的战略思想。因为在 ERP 沙盘模拟六个年度的运行中，每一个年度的运行是首尾相连的一个完整过程，前面年度的决策自然会对后续年度运行效果以及后续决策产生重要的连锁影响。如果前面年度决策失误，可能导致后续年度的运行不可逆转，真可谓"一步走错，满盘皆输"。因此，作为虚拟企业管理团队的首席执行官在进行第一年或前面年度的决策时，应当将其上升到战略的高度，通观全局，总体权衡，进行正确的战略定位，将六个年度的企业资源进行全局性的安排，并在六个年度的运行中将其平稳有序推进。

首席执行官在构建企业战略时，应当包括以下几方面的内容：第一，定位拳头产品。根据未来市场的需求预测和价格走势，从 P1、P2、P3、P4 产品中做出选择，锁定自身的拳头产品。一旦确定了六个年度的主打产品之后，就需规划什么时候进行新产品的研发，什么时候进行产品生产转向，什么时候进行新产品市场的拓展。第二，锁定核心设备。在 ERP 沙盘模拟中，接管企业的初始状态为低端的手工生产线，为满足未来扩大产能的需要，可能需要购置先进但却昂贵的高端生产线，比如半自动生产线、全自动生产线、柔性生产线；而什么时候开始购置，什么时候开始安装，什么时候投入生产，并发挥最大效能，都需要预先规划。第三，瞄准主导市场。企业未来以哪一个市场为主导市场，是本地市场、区域市场、国内市场、亚洲市场，还是国际市场，这一方面要考虑市场开拓的资金和时间，另一方面还要考虑主打产品的市场容量和变化趋势。第四，选择融资模式。ERP 沙盘模拟系统提供了长期借款、短期借款、应收账款贴现、高利贷，每一种融资方式都有一定的筹资成本和约束条件，企业需要根据自身对资金需要的特点进行合理选择，以解决企业的资金来源。

二、系统理念

在 ERP 沙盘模拟实验中，管理团队的每一个成员所扮演的角色都应当具有系统思想。在 ERP 沙盘模拟中，模拟的企业管理团队需要承担首席执行官、财务总监、采购总监、生产总监、营销总监等各种不同的角色，相对独立地完成各自的职责，实现企业的采购、生产、销售、融资、产品研发、设备购置、市场开拓等环节的良性有序运行。任何一个成员的决策都需要考虑与其牵连的其他部门的行为以及其决策对其他部门的影响，可谓"牵一发而动全身"。这就要求各个成员在做自身规划决策的时候，需要贯彻系统思想，明确自身的任何举动都需要为整个企业系统的良性运行做贡献，而不是成为其正常运行的障碍。

根据 ERP 沙盘模拟实验的特点，每一年度的第一步决策是投入广告费，争取产品订单，可见，这是典型的以销定产的导向。由此，企业各职能部门决策的传导路径如下：根据产品和市场分布确定投入广告费；根据投入的广告费选择产品订单；根据产品订单安排生产线组织生产；根据生产安排确定原材料供应；根据原材料库存和需求安排原材料采购；根据运行中的资金供给和需求的分布安排融资方案。各职能部门需要考虑自身决策的制约条件，并考虑自身决策对其他部门的影响。

各管理团队内部各成员之间则需要相互协作，才能把企业运行管理好。根据以往的经验，我们发现，在组建的企业管理团队中，呈现出各种不同的风格，有些管理团队成员各自为政，默不作声；有些管理团队争论四起，面红耳赤；而处于最佳状态的管理团队则通常是有争论，也有妥协，有分歧，也有统一的意见。这就需要管理团队中的首席执行官具备领导的魄力、组织的艺术和决策的头脑，实现管理团队相互之间的协作，将管理的企业之舟引领至成功的彼岸。

三、竞合理念

各个独立的管理团队相互之间需要有竞争的理念，但在特定的情况下也需要相互合作，即需具备竞合思想。在 ERP 沙盘模拟实验中，各个管理团队同时接管一个具有相同初始状态的企业，在后续几个年度里按照各个团队的战略和风格去运作这个企业，运作的绩效是其经营能力的衡量标准。各管理团队相互之间毫无疑问是一种激烈的竞争关系，包括稀缺的市场资源的争夺，短缺的货币资金的争取，对方的商业秘密的打探，这些无不充斥着竞争的火药味。各管理团队在经营过程中，既要想法了解别人的商业秘密，又要保守自身的商业秘密；既要制定好自身的战略规划，又要根据对方的战略规划相机调整。只有这样，才能在激烈的对抗和博弈中赢得自身的一席之地。

但在某些特定的情况下，这些竞争对手却可能成为对己有利的合作伙伴。比如，某一个管理团队拿下庞大的市场订单之后，却遭遇产能瓶颈，无法完成订单数量的生产，面临着市场处罚的时候，就急需转变观念，将求援的双手伸向昔日的竞争对手。此时，需要摆出友好合作的姿态，去向那些处于相反状况（即订单有限而产品过剩）

的管理团队进行购买产品的谈判。只要产品的交易价格合适，产品买卖的双方是能够达成共赢格局的。

可见，在市场这一没有硝烟的战场上，没有永恒的竞争对手，也没有永恒的合作伙伴，有的只是利益的合理分割！基于自身利益的考虑，竞合思想的实施需要相机而动。

四、权衡理念

各管理团队在进行纷繁复杂的各类决策时，有时左右为难，摇摆不定，需要具备精明权衡的思想。比如企业在进行自身的融资规划时，ERP沙盘模拟的规则就为决策者设置了一个需要权衡的难题。按照ERP沙盘模拟的规则，企业的长期贷款和短期贷款的总额度为其权益的两倍，某一时刻企业实际能够融资的额度为此时的总额度减去现存的贷款金额。根据以往经验，企业在六个年度的运行中，前三个年度很可能出现亏损，企业权益将萎缩，等权益萎缩之后再去贷款的话，能够贷款的额度将大幅减少。可见，对一个急需资金的企业来说，六个年度的期初贷款，能够取得最多贷款，无疑是最佳选择。但根据财务杠杆的相关理论，如果企业在经营恶化的情况下，通过贷款进行高负债的经营，无疑将放大企业的负面财务效应，无异于雪上加霜。那么，企业在六个年度的期初就要考虑贷还是不贷及贷多贷少的问题。这的确是一个困扰决策者的难题，需要进行仔细权衡。

还有一种情况也考验着决策者的权衡能力。某管理团队花了大量的广告资金争取到了最大的产品订单，但限于自身产能，该管理团队不能如期交货，面临着巨额罚款。此时，该管理团队可以找到一个状况和其相反（即订单不足而产品过剩）的企业，两者之间可能发生产品的买卖，但却面临艰难的讨价还价。此时，该管理团队是坦然接受违规罚款，还是委曲求全讨价还价，需要决策者进行利益权衡后做出明智的决策。

在ERP沙盘模拟中，实验的参与者需要将前述战略理念、系统理念、竞合理念、权衡理念贯穿在自身的经营战略和决策之中，这有助于竞争的胜出和经营的成功！

第二节　关键战略选择

在ERP沙盘模拟实验中，每一个管理团队之间存在激烈的竞争关系。按照迈克尔·波特的观点，企业要获得竞争优势，有三种可供选择的企业竞争战略，包括：成本领先战略、差异化战略、集中化战略。

成本领先战略要求企业必须建立高效的生产设备，加大对成本和费用的控制，节约在研发、服务、促销、广告等上面的支出。贯穿本战略的核心是确保总成本低于竞争对手，这需要企业与原材料供应商建立牢靠的关系，产品的设计必须便于制造、大批量生产供货等。

差异化战略要求企业将生产的产品和提供的服务实现差异化。比如设计品牌形象、拥有独特技术、具有独特性能、提供独特的顾客服务、拥有专门的业务网络。企业对

"差异化战略"目标与"市场占有率"目标往往不能兼顾，且建立差异化战略的努力往往需要付出高昂的成本代价。

集中化战略要求企业主攻某个特定的顾客群、某条产品线的一小段、某一区域性市场。采用集中化战略要求公司业务的专一化能以较高的效率、更好的效果为某一狭窄的战略对象服务，从而获得为众多服务的竞争者所不具备的优势。

在 ERP 沙盘模拟实验中，不同的管理团队接手的模拟企业通常会采取千差万别的战略，也会取得模拟企业运行的成功和竞争的胜出。反之，如果和竞争对手之间采取大同小异的战略，通常会出现两败俱伤的结局。在教学实践中，我们总结出如下一些基本的适用战略，供实验参与者根据自身的实际情况进行选择。

一、霸王战略：先发制人

在 ERP 沙盘模拟实验中，霸王战略的实施者在运行前期，比如前两个模拟年度，通过各种途径筹集大量资金用于购置生产线，扩大产能，保证产能处于第一的地位，解决生产能力问题。然后以高广告费用投入策略，争取大量的销售订单，夺取本地市场老大地位，或完成其他市场的率先开拓，解决销售能力问题。并随着新产品开发的节奏，成功实现拳头产品从 P1 产品向 P2 产品、P3 产品等主流产品过渡。在竞争中始终保持主流产品销售量（额）和综合销售量（额）第一的地位。后期再用高广告费用策略争夺主导产品，比如 P3 产品的最高价市场的老大，保持权益最高，使对手望尘莫及，难以超越，最终直捣黄龙，拔得头筹！

霸王战略运作要点：一是资本运作。自己有充足的资金用于产能扩大，并能抵挡强大的还款压力，使资金运转正常，这对财务总监的要求很高。二是精确的产能测算与生产成本预算。如何安排自己的产能扩大节奏，如何实现零库存，如何进行产品组合与市场开发，这些将决定着霸王战略实施者最终的成败。

二、越王战略：厚积薄发

在 ERP 沙盘模拟实验中，越王战略的实施者通常需拥有很大的产能潜力作为后盾，以为后期的翻身奠定坚实的基础。但由于期初广告投入和订单争取的运作失误，导致权益过低，暂时处于竞争劣势地位。所以，越王战略的实施者要在模拟运行年度的第二、三年不得不靠 P1 产品维持生计，延缓新产品研发计划，或者暗中进行 P2 产品、P3 开发，继续积蓄能量，渡过竞争危险期。在第四年时，突然推出 P3 或 P4 产品，配以精确的广告投入策略，争取合适的销售订单，出其不意攻占竞争对手的薄弱市场。在竞争对手忙于应对之时，自己早已把 P3 产品、P4 产品的最高价市场把握在手，并抓住不放，不给竞争对手机会，最终异军突起，后来居上，称霸中原。

越王战略运作要点：首先，关键在于广告投入运作。因为要采取精确的广告投入策略，所以一定要仔细分析竞争对手的情况，找到它在市场中的薄弱环节，以最小的代价夺得市场，减少成本。其次，暗中进行新产品的开发。前期虽然市场订单有限，但对潜在核心产品 P2、P3 产品的开发却不能停下来，以为后期逆转局势奠定基础。再次，进行现金流测算。因为要出奇兵，这些产品对现金流要求很高，所以现金测算必须准确。出现现金流断裂倒是其次，严重的是后期完不成销售订单遭罚，企业将前功尽弃，功亏一篑。

三、渔翁战略：见风使舵

在 ERP 沙盘模拟实验中，当市场上有两家实力相当战略相近的企业争夺第一时，渔翁策略就派上用场了。渔翁战略的实施者首先在产能上要努力跟随前两者的开发节奏，静观市场动向，同时，内部努力降低自身成本，在每次新市场开辟时均采用低广告费用策略，规避风险，稳健经营，在前面的两个竞争对手双方两败俱伤时立即占领市场，成为"鹬蚌相争，渔翁得利"的胜者。

渔翁战略运作要点：第一，在于一个稳字。经营过程一切按部就班，广告费用投入，销售订单争取，产能扩大都是循序渐进，逐步实现，稳扎稳打。第二，要利用好时机。因为时机是稍纵即逝的，对竞争对手一定要仔细分析，找准下手的机会，一举成功。

四、农夫战略：遍地开花

在 ERP 沙盘模拟实验中，农夫战略的实施者对 P1 产品、P2 产品、P3 产品、P4 产品每一种产品都开发，对本地市场、区域市场、亚洲市场、国内市场、国际市场等每一个市场都开拓，实现真正的遍地开花，企图通过产品的组合和市场的组合，来实现企业的丰收。当然，最终，该战略的实施者还是要根据市场的情况和竞争对手的情况，锁定拳头产品和核心市场。

农夫战略运作要点：第一，由于要产品和市场遍地开花，自然需要大量资金，因此在战略实施之前，一定要规划好自身的现金流以及产品研发和市场开拓的节奏。第二，遍地开花的格局不能一直保留下去，遍地开花的目的是为了从中选择最好的花，所以要注重后期拳头产品的选择和核心市场的适当锁定，以促成农夫战略的成功实施。

运行图表附录

附录一 市场预测

一、6 组实物沙盘市场预测

这是由一家权威的市场调研机构对未来六年里各个市场的需求的预测，应该说这一预测有着很高的可信度。但根据这一预测进行企业的经营运作，其后果将由各企业自行承担。

P1 产品是目前市场上的主流技术，P2 作为对 P1 的技术改良产品，也比较容易获得大众的认同。

P3 和 P4 产品作为 P 系列产品里的高端技术，各个市场上对它们的认同度不尽相同，需求量与价格也会有较大的差异。

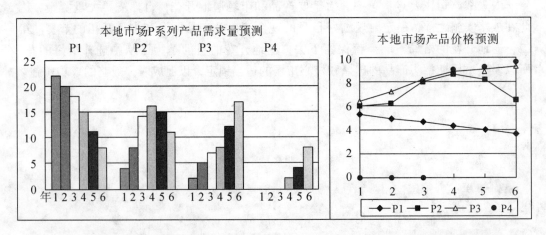

本地市场将会持续发展，客户对低端产品的需求可能要下滑。伴随着需求的减少，低端产品的价格很有可能会逐步走低。后几年，随着高端产品的成熟，市场对 P3、P4 产品的需求将会逐渐增大。同时随着时间的推移，客户的质量意识将不断提高，后几年可能会对厂商是否通过了 ISO 9000 认证和 ISO 14000 认证有更多的要求。

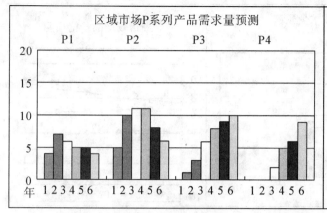

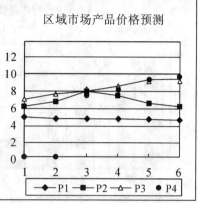

　　区域市场的客户对 P 系列产品的喜好相对稳定，因此市场需求量的波动也很有可能会比较平稳。因其紧邻本地市场，所以产品需求量的走势可能与本地市场相似，价格趋势也应大致一样。该市场的客户比较乐于接受新的事物，因此对于高端产品也会比较有兴趣，但由于受到地域的限制，该市场的需求总量非常有限。并且这个市场上的客户相对比较挑剔，因此在后几年客户会对厂商是否通过了 ISO 9000 认证和 ISO 14000 认证有较高的要求。

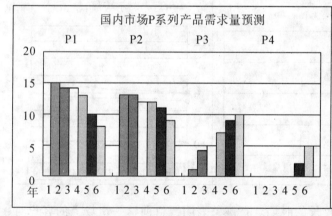

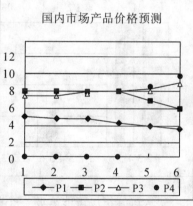

　　因 P1 产品带有较浓的地域色彩，估计国内市场对 P1 产品不会有持久的需求。但 P2 产品因为更适合于国内市场，所以估计需求会一直比较平稳。随着对 P 系列产品新技术的逐渐认同，估计对 P3 产品的需求会发展较快，但这个市场上的客户对 P4 产品却并不是那么认同。当然，对于高端产品来说，客户一定会更注重产品的质量保证。

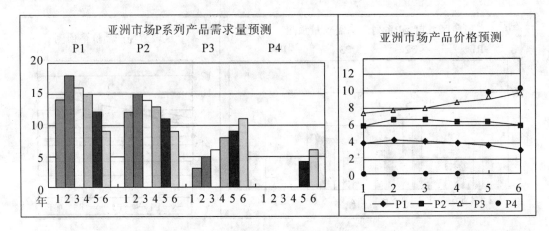

这个市场上的客户喜好一向波动较大，不易把握，所以对 P1 产品的需求可能起伏较大，估计 P2 产品的需求走势也会与 P1 相似。但该市场对新产品很敏感，因此估计对 P3、P4 产品的需求会发展较快，价格也可能不菲。另外，这个市场的消费者很看重产品的质量，所以在后几年里，如果厂商没有通过 ISO 9000 和 ISO 14000 的认证，其产品可能很难销售。

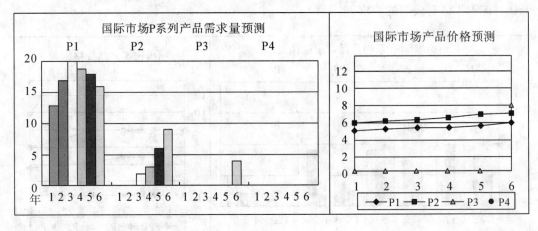

进入国际市场可能需要一个较长的时期。有迹象表明，目前这一市场上的客户对 P1 产品已经有所认同，需求也会比较旺盛。对于 P2 产品，客户将会谨慎地接受，但仍需要一段时间才能被市场所接受。对于新兴的技术，这一市场上的客户将会以观望为主，因此对于 P3 和 P4 产品的需求将会发展极慢。因为产品需求主要集中在低端，所以客户对于 ISO 认证的要求并不如其他几个市场那么高，但也不排除在后期会有这方面的需求。

二、8 组实物沙盘市场预测

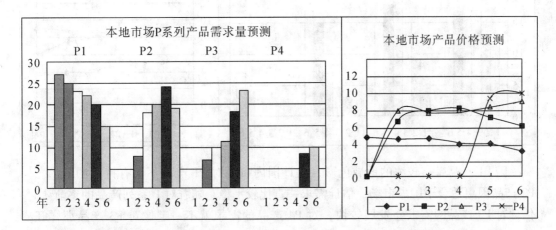

本地市场将会持续发展，对低端产品的需求可能要下滑，伴随着需求的减少，低端产品的价格很有可能走低。后几年，随着高端产品的成熟，市场对 P3、P4 产品的需求将会逐渐增大。由于客户对质量意识的不断提高，后几年可能对产品的 ISO 9000 和 ISO 14000 认证有更多的需求。

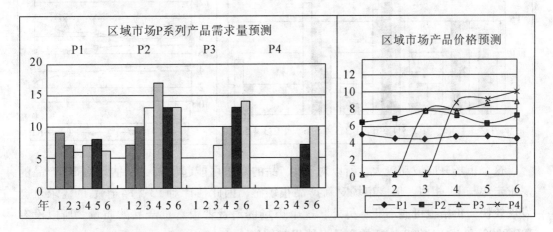

区域市场的客户相对稳定，对 P 系列产品需求的变化很有可能比较平稳。因紧邻本地市场，所以产品需求量的走势可能与本地市场相似，价格趋势也应大致一样。该市场容量有限，对高端产品的需求也可能相对较小，但客户会对产品的 ISO 9000 和 ISO 14000 认证有较高的要求。

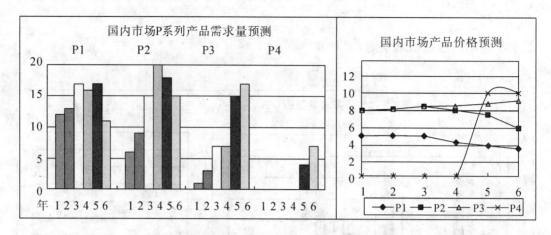

因 P1 产品带有较浓的地域色彩，估计国内市场对 P1 产品不会有持久的需求。但 P2 产品因更适合于国内市场，估计需求一直比较平稳。随着对 P 系列产品的逐渐认同，估计对 P3 产品的需求会发展较快，对 P4 产品的需求就不一定像对 P3 产品那样旺盛了。当然，对高价值的产品来说，客户一定会更注重产品的质量认证。

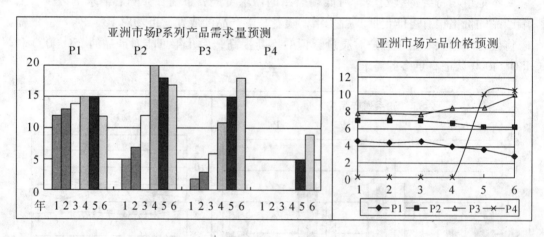

这个市场一向波动较大，所以对 P1 产品的需求可能起伏较大，估计对 P2 产品的需求走势与 P1 相似。但该市场对新产品很敏感，因此估计对 P3、P4 产品的需求量会发展较快，价格也可能不菲。另外，这个市场的消费者很看重产品的质量，所以没有 ISO 9000 和 ISO 14000 认证的产品可能很难销售。

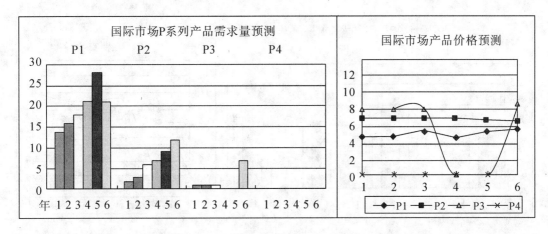

P 系列产品进入国际市场可能需要一个较长的时期。有迹象表明，对 P1 产品已经有所认同，但还需要一段时间才能被市场接受。同样，对于 P2、P3 和 P4 产品，客户也会很谨慎地接受，但需求发展较慢。当然，国际市场的客户也会关注具有 ISO 认证的产品。

三、10 组实物沙盘市场预测

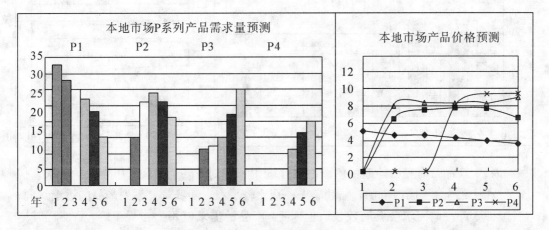

本地市场将会持续发展，对低端产品的需求可能要下滑，伴随着需求的减少，低端产品的价格很有可能走低。后几年，随着高端产品的成熟，市场对 P3、P4 产品的需求将会逐渐增大。由于客户对质量意识的不断提高，后两年可能对产品的 ISO 9000 和 ISO 14000 认证有更多的需求。

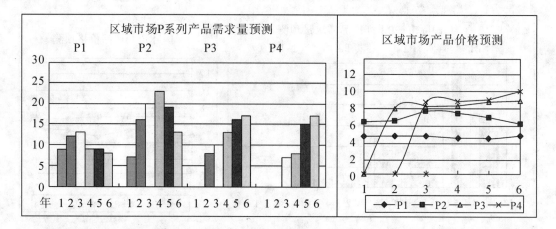

区域市场的客户相对稳定，对 P 系列产品需求的变化很有可能比较平稳。因紧邻本地市场，所以产品需求量的走势可能与本地市场相似，价格趋势也应大致一样。该市场容量有限，对高端产品的需求也可能相对较小，但客户会对产品的 ISO 9000 和 ISO 14000 认证有较高的要求。

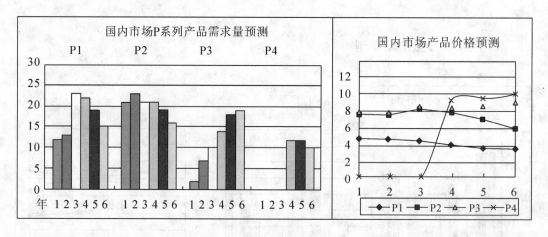

因 P1 产品带有较浓的地域色彩，估计国内市场对 P1 产品不会有持久的需求。但 P2 产品因更适合于国内市场，估计需求一直比较平稳。随着对 P 系列产品的逐渐认同，估计对 P3 产品的需求会发展较快。但对 P4 产品的需求就不一定像 P3 产品那样旺盛了。当然，对高价值的产品来说，客户一定会更注重产品的质量认证。

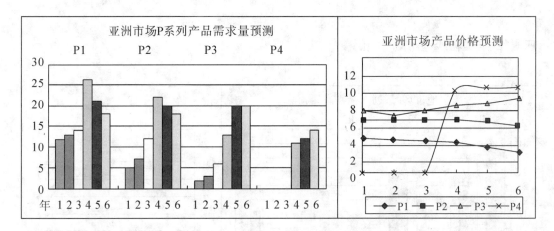

这个市场一向波动较大，所以对 P1 产品的需求可能起伏较大，估计对 P2 产品的需求走势与 P1 相似。但该市场对新产品很敏感，因此估计对 P3、P4 产品的需求量会发展较快，价格也可能不菲。另外，这个市场的消费者很看重产品的质量，所以没有 ISO 9000 和 ISO 14000 认证的产品可能很难销售。

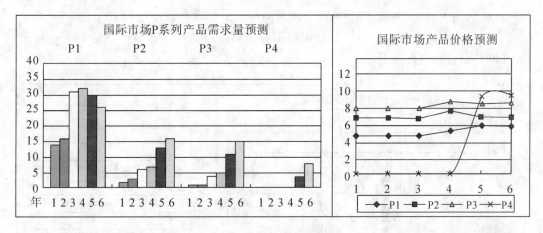

P 系列产品进入国际市场可能需要一个较长的时期。有迹象表明，对 P1 产品已经有所认同，但还需要一段时间才能被市场接受。同样，对于 P2、P3 和 P4 产品，客户也会很谨慎地接受，但需求发展较慢。当然，国际市场的客户也会关注具有 ISO 认证的产品。

四、12 组实物沙盘市场预测

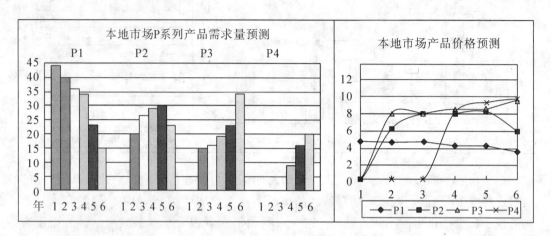

本地市场将会持续发展，对低端产品的需求可能要下滑，伴随着需求的减少，低端产品的价格很有可能走低。后几年，随着高端产品的成熟，市场对 P3、P4 产品的需求将会逐渐增大。由于客户对质量意识的不断提高，后几年可能对产品的 ISO 9000 和 ISO 14000 认证有更多的需求。

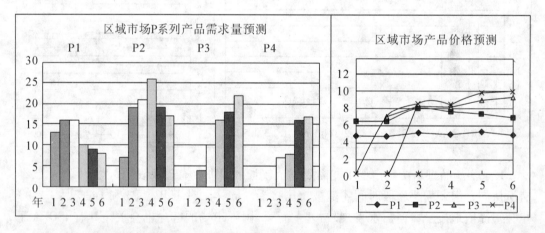

区域市场的客户相对稳定，对 P 系列产品需求的变化很有可能比较平稳。因紧邻本地市场，所以产品需求量的走势可能与本地市场相似，价格趋势也应大致一样。该市场容量有限，对高端产品的需求也可能相对较小，但客户会对产品的 ISO 9000 和 ISO 14000 认证有较高的要求。

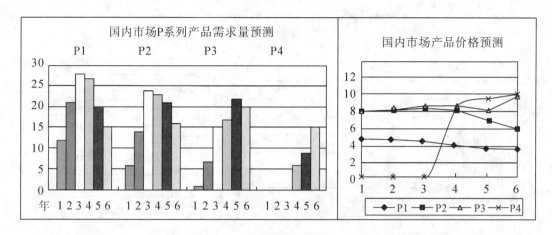

因 P1 产品带有较浓的地域色彩，估计国内市场对 P1 产品不会有持久的需求。但 P2 产品因更适合于国内市场，估计需求一直比较平稳。随着对 P 系列产品的逐渐认同，估计对 P3 产品的需求会发展较快。但对 P4 产品的需求就不一定像 P3 产品那样旺盛了。当然，对高价值的产品来说，客户一定会更注重产品的质量认证。

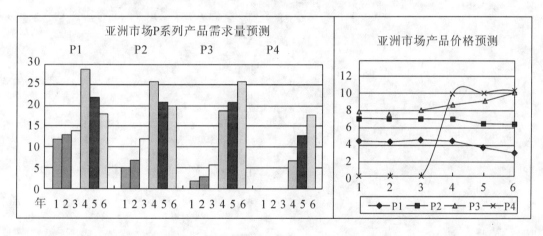

这个市场一向波动较大，所以对 P1 产品的需求可能起伏较大，估计对 P2 产品的需求走势与 P1 相似。但该市场对新产品很敏感，因此估计对 P3、P4 产品的需求量会发展较快，价格也可能不菲。另外，这个市场的消费者很看重产品的质量，所以没有 ISO 9000 和 ISO 14000 认证的产品可能很难销售。

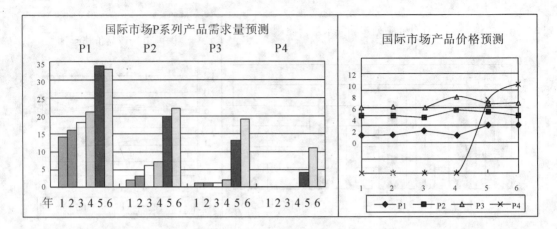

P 系列产品进入国际市场可能需要一个较长的时期。有迹象表明，对于 P1 产品，客户已经有所认同，但还需要一段时间才能被市场接受。同样，对于 P2、P3 和 P4 产品，客户也会很谨慎地接受，但需求发展较慢。当然，国际市场的客户也会关注具有 ISO 认证的产品。

附录二　各年经营用表格

第一年现金预算表

时间（季）	1	2	3	4
期初库存现金				
支付上年应交税				
市场广告投入				
贴现费用				
利息（短期贷款）				
支付到期短期贷款				
原料采购支付现金				
转产费用				
生产线投资				
工人工资				
产品研发投资				
收到现金前的所有支出				
应收款到期				
支付管理费用				
利息（长期贷款）				
支付到期长期贷款				
设备维护费用				
租金				
购买新建筑				
市场开拓投资				
ISO 认证投资				
其他				
库存现金余额				

要点记录

第一季度：_____

第二季度：_____

第三季度：_____

第四季度：_____

第一年经营流程表

操作顺序	沙盘运营流程	电子沙盘操作流程	现金收支记录（涉及现金收入记为正数，支出记为负数，如没有涉及现金收支则打√表示已操作，打×表示未操作）			
年初	新年度规划会议					
	广告投放	输入广告费确认				
	参加订货会选单/登记订单	选单				
	支付应付税	系统自动				
	支付长期贷款利息	系统自动				
	更新长期贷款/归还长期贷款	系统自动				
	申请长期贷款	输入贷款额并确认				
1	季初盘点					
2	更新短期贷款/短期贷款还本付息	系统自动				
3	申请短期贷款	输入贷款额并确认				
4	原材料入库/更新原料订单	需要确认金额				
5	下原料订单	输入并确认				
6	购买/租用厂房	选择并确认，自动扣现金				
7	更新生产/完工入库	系统自动				
8	新建/在建/转产/租赁/变卖生产线	选择并确认				
9	紧急采购原料（随时）	随时进行输入并确认				
10	开始下一批生产	选择并确认				
11	更新应收款/应收款收现	需要输入到期金额				
12	紧急采购产成品（随时）	随时进行输入并确认				
13	按订单交货	选择交货订单确认				
14	产品研发投资	选择并确认				
15	厂房——出售（买转租）/退租/租转买	选择确认，自动转应收款				
16	新市场开拓/ISO资格投资	仅第4季允许操作				
17	支付管理费	系统自动				
18	出售库存	输入并确认（随时进行）				
19	厂房贴现	随时进行				
20	应收款贴现	输入并确认（随时进行）				
21	季末盘点					
年末	缴纳违约订单罚款	系统自动				
	支付设备维护费	系统自动				
	计提折旧	系统自动				（ ）
	新市场/ISO资格换证	系统自动				
	结账	编制报表，手工摆盘				

订单登记表

订单号									合计
市场									
产品									
数量									
账期									
销售额									
成本									
毛利									
未售									

产品核算统计表

	P1	P2	P3	P4	合计
数量					
销售额					
成本					
毛利					

组间交易明细表

买入			卖出		
产品	数量	金额	产品	数量	金额

第一年财务报表

综合费用明细表
单位：百万

项　目	金　额	备　注
管理费		
广告费		
设备维护费		
损失		
厂房租金		
转产费		
市场准入开拓		□区域　□国内　□亚洲　□国际
ISO 资格认证		□ ISO 9000　□ ISO 14000
产品研发		P2（　　）　P3（　　）　P4（　　　）
信息费		
其　他		
合　计		

利　润　表

项　　目	上　年　数	本　年　数
销售收入		
直接成本		
毛利		
综合费用		
折旧前利润		
折旧		
支付利息前利润		
财务收入/支出		
其他收入/支出		
税前利润		
所得税		
净利润		

资产负债表

资　　产	期初数	期末数	负债和所有者权益	期初数	期末数
流动资产：			负债：		
现金			长期负债		
应收款			短期负债		
在制品			应付账款		
成品			应交税金		
原料			一年内到期的长期负债		
流动资产合计			负债合计		
固定资产：			所有者权益：		
土地和建筑			股东资本		
机器与设备			利润留存		
在建工程			年度净利		
固定资产合计			所有者权益合计		
资产总计			负债和所有者权益总计		

注：库存折价拍卖，生产线变卖，紧急采购，订单违约记入损失；

　　每年经营结束请将财务报表交到老师处核对。

第二年现金预算表

时间（季）	1	2	3	4
期初库存现金				
支付上年应交税				
市场广告投入				
贴现费用				
利息（短期贷款）				
支付到期短期贷款				
原料采购支付现金				
转产费用				
生产线投资				
工人工资				
产品研发投资				
收到现金前的所有支出				
应收款到期				
支付管理费用				
利息（长期贷款）				
支付到期长期贷款				
设备维护费用				
租金				
购买新建筑				
市场开拓投资				
ISO 认证投资				
其他				
库存现金余额				

要点记录

第一季度： _____

第二季度： _____

第三季度： _____

第四季度： _____

第二年经营流程表

操作顺序	沙盘运营流程	电子沙盘操作流程	现金收支记录（涉及现金收入记为正数，支出记为负数，如没有涉及现金收支则打√表示已操作，打×表示未操作）			
年初	新年度规划会议					
	广告投放	输入广告费确认				
	参加订货会选单/登记订单	选单				
	支付应付税	系统自动				
	支付长期贷款利息	系统自动				
	更新长期贷款/归还长期贷款	系统自动				
	申请长期贷款	输入贷款额并确认				
1	季初盘点					
2	更新短期贷款/短期贷款还本付息	系统自动				
3	申请短期贷款	输入贷款额并确认				
4	原材料入库/更新原料订单	需要确认金额				
5	下原料订单	输入并确认				
6	购买/租用厂房	选择并确认，自动扣现金				
7	更新生产/完工入库	系统自动				
8	新建/在建/转产/租赁/变卖生产线	选择并确认				
9	紧急采购原料（随时）	随时进行输入并确认				
10	开始下一批生产	选择并确认				
11	更新应收款/应收款收现	需要输入到期金额				
12	紧急采购产成品（随时）	随时进行输入并确认				
13	按订单交货	选择交货订单确认				
14	产品研发投资	选择并确认				
15	厂房——出售（买转租）/退租/租转买	选择确认，自动转应收款				
16	新市场开拓/ISO资格投资	仅第4季允许操作				
17	支付管理费	系统自动				
18	出售库存	输入并确认（随时进行）				
19	厂房贴现	随时进行				
20	应收款贴现	输入并确认（随时进行）				
21	季末盘点					
年末	缴纳违约订单罚款	系统自动				
	支付设备维护费	系统自动				
	计提折旧	系统自动			( )	
	新市场/ISO资格换证	系统自动				
	结账	编制报表，手工摆盘				

订单登记表

订单号										合计
市场										
产品										
数量										
账期										
销售额										
成本										
毛利										
未售										

产品核算统计表

	P1	P2	P3	P4	合计
数量					
销售额					
成本					
毛利					

组间交易明细表

买入			卖出		
产品	数量	金额	产品	数量	金额

第二年财务报表

综合费用明细表   单位：百万

项 目	金 额	备 注
管理费		
广告费		
设备维护费		
损失		
厂房租金		
转产费		
市场准入开拓		□区域　□国内　□亚洲　□国际
ISO 资格认证		□ ISO 9000　　□ ISO 14000
产品研发		P2（　　）　P3（　　）　P4（　　）
信息费		
其 他		
合 计		

利 润 表

项 目	上 年 数	本 年 数
销售收入		
直接成本		
毛利		
综合费用		
折旧前利润		
折旧		
支付利息前利润		
财务收入／支出		
其他收入／支出		
税前利润		
所得税		
净利润		

资产负债表

资　　产	期初数	期末数	负债和所有者权益	期初数	期末数
流动资产：			负债：		
现金			长期负债		
应收款			短期负债		
在制品			应付账款		
成品			应交税金		
原料			一年内到期的长期负债		
流动资产合计			负债合计		
固定资产：			所有者权益：		
土地和建筑			股东资本		
机器与设备			利润留存		
在建工程			年度净利		
固定资产合计			所有者权益合计		
资产总计			负债和所有者权益总计		

注：库存折价拍卖，生产线变卖，紧急采购，订单违约记入损失；
　　每年经营结束请将财务报表交到老师处核对。

第三年现金预算表

时间（季）	1	2	3	4
期初库存现金				
支付上年应交税				
市场广告投入				
贴现费用				
利息（短期贷款）				
支付到期短期贷款				
原料采购支付现金				
转产费用				
生产线投资				
工人工资				
产品研发投资				
收到现金前的所有支出				
应收款到期				
支付管理费用				
利息（长期贷款）				
支付到期长期贷款				
设备维护费用				
租金				
购买新建筑				
市场开拓投资				
ISO 认证投资				
其他				
库存现金余额				

要点记录

第一季度：_____

第二季度：_____

第三季度：_____

第四季度：_____

第三年经营流程表

操作顺序	沙盘运营流程	电子沙盘操作流程	现金收支记录（涉及现金收入记为正数，支出记为负数，如没有涉及现金收支则打√表示已操作，打×表示未操作）		
年初	新年度规划会议				
	广告投放	输入广告费确认			
	参加订货会选单/登记订单	选单			
	支付应付税	系统自动			
	支付长期贷款利息	系统自动			
	更新长期贷款/归还长期贷款	系统自动			
	申请长期贷款	输入贷款额并确认			
1	季初盘点				
2	更新短期贷款/短期贷款还本付息	系统自动			
3	申请短期贷款	输入贷款额并确认			
4	原材料入库/更新原料订单	需要确认金额			
5	下原料订单	输入并确认			
6	购买/租用厂房	选择并确认，自动扣现金			
7	更新生产/完工入库	系统自动			
8	新建/在建/转产/租赁/变卖生产线	选择并确认			
9	紧急采购原料（随时）	随时进行输入并确认			
10	开始下一批生产	选择并确认			
11	更新应收款/应收款收现	需要输入到期金额			
12	紧急采购产成品（随时）	随时进行输入并确认			
13	按订单交货	选择交货订单确认			
14	产品研发投资	选择并确认			
15	厂房——出售（买转租）/退租/租转买	选择确认，自动转应收款			
16	新市场开拓/ISO资格投资	仅第4季允许操作			
17	支付管理费	系统自动			
18	出售库存	输入并确认（随时进行）			
19	厂房贴现	随时进行			
20	应收款贴现	输入并确认（随时进行）			
21	季末盘点				
年末	缴纳违约订单罚款	系统自动			
	支付设备维护费	系统自动			
	计提折旧	系统自动			（ ）
	新市场/ISO资格换证	系统自动			
	结账	编制报表，手工摆盘			

订单登记表

订单号										合计
市场										
产品										
数量										
账期										
销售额										
成本										
毛利										
未售										

产品核算统计表

	P1	P2	P3	P4	合计
数量					
销售额					
成本					
毛利					

组间交易明细表

买入			卖出		
产品	数量	金额	产品	数量	金额

第三年财务报表

综合费用明细表   单位：百万

项　目	金　额	备　注
管理费		
广告费		
设备维护费		
损失		
厂房租金		
转产费		
市场准入开拓		□区域　□国内　□亚洲　□国际
ISO 资格认证		□ ISO 9000　　□ ISO 14000
产品研发		P2（　　）　P3（　　）　P4（　　）
信息费		
其　他		
合　计		

利　润　表

项　目	上　年　数	本　年　数
销售收入		
直接成本		
毛利		
综合费用		
折旧前利润		
折旧		
支付利息前利润		
财务收入／支出		
其他收入／支出		
税前利润		
所得税		
净利润		

资产负债表

资　　产	期初数	期末数	负债和所有者权益	期初数	期末数
流动资产：			负债：		
现金			长期负债		
应收款			短期负债		
在制品			应付账款		
成品			应交税金		
原料			一年内到期的长期负债		
流动资产合计			负债合计		
固定资产：			所有者权益：		
土地和建筑			股东资本		
机器与设备			利润留存		
在建工程			年度净利		
固定资产合计			所有者权益合计		
资产总计			负债和所有者权益总计		

注：库存折价拍卖，生产线变卖，紧急采购，订单违约记入损失；
　　每年经营结束请将财务报表交到老师处核对。

第四年现金预算表

时间（季）	1	2	3	4
期初库存现金				
支付上年应交税				
市场广告投入				
贴现费用				
利息（短期贷款）				
支付到期短期贷款				
原料采购支付现金				
转产费用				
生产线投资				
工人工资				
产品研发投资				
收到现金前的所有支出				
应收款到期				
支付管理费用				
利息（长期贷款）				
支付到期长期贷款				
设备维护费用				
租金				
购买新建筑				
市场开拓投资				
ISO 认证投资				
其他				
库存现金余额				

要点记录

第一季度：＿＿＿＿＿＿＿＿＿＿＿＿＿＿＿＿＿＿＿＿＿＿＿＿＿＿＿

第二季度：＿＿＿＿＿＿＿＿＿＿＿＿＿＿＿＿＿＿＿＿＿＿＿＿＿＿＿

第三季度：＿＿＿＿＿＿＿＿＿＿＿＿＿＿＿＿＿＿＿＿＿＿＿＿＿＿＿

第四季度：＿＿＿＿＿＿＿＿＿＿＿＿＿＿＿＿＿＿＿＿＿＿＿＿＿＿＿

第四年经营流程表

操作顺序	沙盘运营流程	电子沙盘操作流程	现金收支记录（涉及现金收入记为正数，支出记为负数，如没有涉及现金收支则打√表示已操作，打×表示未操作）		
年初	新年度规划会议				
	广告投放	输入广告费确认			
	参加订货会选单/登记订单	选单			
	支付应付税	系统自动			
	支付长期贷款利息	系统自动			
	更新长期贷款/归还长期贷款	系统自动			
	申请长期贷款	输入贷款额并确认			
1	季初盘点				
2	更新短期贷款/短期贷款还本付息	系统自动			
3	申请短期贷款	输入贷款额并确认			
4	原材料入库/更新原料订单	需要确认金额			
5	下原料订单	输入并确认			
6	购买/租用厂房	选择并确认，自动扣现金			
7	更新生产/完工入库	系统自动			
8	新建/在建/转产/租赁/变卖生产线	选择并确认			
9	紧急采购原料（随时）	随时进行输入并确认			
10	开始下一批生产	选择并确认			
11	更新应收款/应收款收现	需要输入到期金额			
12	紧急采购产成品（随时）	随时进行输入并确认			
13	按订单交货	选择交货订单确认			
14	产品研发投资	选择并确认			
15	厂房——出售（买转租）/退租/租转买	选择确认，自动转应收款			
16	新市场开拓/ISO资格投资	仅第4季允许操作			
17	支付管理费	系统自动			
18	出售库存	输入并确认（随时进行）			
19	厂房贴现	随时进行			
20	应收款贴现	输入并确认（随时进行）			
21	季末盘点				
年末	缴纳违约订单罚款	系统自动			
	支付设备维护费	系统自动			
	计提折旧	系统自动			（　）
	新市场/ISO资格换证	系统自动			
	结账	编制报表，手工摆盘			

订单登记表

订单号											合计
市场											
产品											
数量											
账期											
销售额											
成本											
毛利											
未售											

产品核算统计表

	P1	P2	P3	P4	合计
数量					
销售额					
成本					
毛利					

组间交易明细表

买入			卖出		
产品	数量	金额	产品	数量	金额

第四年财务报表

综合费用明细表   单位：百万

项　目	金　额	备　注
管理费		
广告费		
设备维护费		
损失		
厂房租金		
转产费		
市场准入开拓		□区域　　□国内　　□亚洲　　□国际
ISO 资格认证		□ ISO 9000　　　□ ISO 14000
产品研发		P2（　）　P3（　）　P4（　　）
信息费		
其　他		
合　计		

利　润　表

项　目	上　年　数	本　年　数
销售收入		
直接成本		
毛利		
综合费用		
折旧前利润		
折旧		
支付利息前利润		
财务收入／支出		
其他收入／支出		
税前利润		
所得税		
净利润		

资产负债表

资　产	期初数	期末数	负债和所有者权益	期初数	期末数
流动资产：			负债：		
现金			长期负债		
应收款			短期负债		
在制品			应付账款		
成品			应交税金		
原料			一年内到期的长期负债		
流动资产合计			负债合计		
固定资产：			所有者权益：		
土地和建筑			股东资本		
机器与设备			利润留存		
在建工程			年度净利		
固定资产合计			所有者权益合计		
资产总计			负债和所有者权益总计		

注：库存折价拍卖，生产线变卖，紧急采购，订单违约记入损失；

　　每年经营结束请将财务报表交到老师处核对。

第五年现金预算表

时间（季）	1	2	3	4
期初库存现金				
支付上年应交税				
市场广告投入				
贴现费用				
利息（短期贷款）				
支付到期短期贷款				
原料采购支付现金				
转产费用				
生产线投资				
工人工资				
产品研发投资				
收到现金前的所有支出				
应收款到期				
支付管理费用				
利息（长期贷款）				
支付到期长期贷款				
设备维护费用				
租金				
购买新建筑				
市场开拓投资				
ISO 认证投资				
其他				
库存现金余额				

要点记录

第一季度：_____

第二季度：_____

第三季度：_____

第四季度：_____

第五年经营流程表

操作顺序	沙盘运营流程	电子沙盘操作流程	现金收支记录（涉及现金收入记为正数，支出记为负数，如没有涉及现金收支则打√表示已操作，打×表示未操作）		
年初	新年度规划会议				
	广告投放	输入广告费确认			
	参加订货会选单/登记订单	选单			
	支付应付税	系统自动			
	支付长期贷款利息	系统自动			
	更新长期贷款/归还长期贷款	系统自动			
	申请长期贷款	输入贷款额并确认			
1	季初盘点				
2	更新短期贷款/短期贷款还本付息	系统自动			
3	申请短期贷款	输入贷款额并确认			
4	原材料入库/更新原料订单	需要确认金额			
5	下原料订单	输入并确认			
6	购买/租用厂房	选择并确认，自动扣现金			
7	更新生产/完工入库	系统自动			
8	新建/在建/转产/租赁/变卖生产线	选择并确认			
9	紧急采购原料（随时）	随时进行输入并确认			
10	开始下一批生产	选择并确认			
11	更新应收款/应收款收现	需要输入到期金额			
12	紧急采购产成品（随时）	随时进行输入并确认			
13	按订单交货	选择交货订单确认			
14	产品研发投资	选择并确认			
15	厂房——出售（买转租）/退租/租转买	选择确认，自动转应收款			
16	新市场开拓/ISO资格投资	仅第4季允许操作			
17	支付管理费	系统自动			
18	出售库存	输入并确认（随时进行）			
19	厂房贴现	随时进行			
20	应收款贴现	输入并确认（随时进行）			
21	季末盘点				
年末	缴纳违约订单罚款	系统自动			
	支付设备维护费	系统自动			
	计提折旧	系统自动			（ ）
	新市场/ISO资格换证	系统自动			
	结账	编制报表，手工摆盘			

订单登记表

订单号										合计
市场										
产品										
数量										
账期										
销售额										
成本										
毛利										
未售										

产品核算统计表

	P1	P2	P3	P4	合计
数量					
销售额					
成本					
毛利					

组间交易明细表

买入			卖出		
产品	数量	金额	产品	数量	金额

第五年财务报表

综合费用明细表   单位：百万

项　目	金　额	备　注
管理费		
广告费		
设备维护费		
损失		
厂房租金		
转产费		
市场准入开拓		□区域　□国内　□亚洲　□国际
ISO 资格认证		□ ISO 9000　　□ ISO 14000
产品研发		P2（　　）P3（　　）P4（　　）
信息费		
其　他		
合　计		

利　润　表

项　目	上 年 数	本 年 数
销售收入		
直接成本		
毛利		
综合费用		
折旧前利润		
折旧		
支付利息前利润		
财务收入／支出		
其他收入／支出		
税前利润		
所得税		
净利润		

资产负债表

资　　产	期初数	期末数	负债和所有者权益	期初数	期末数
流动资产：			负债：		
现金			长期负债		
应收款			短期负债		
在制品			应付账款		
成品			应交税金		
原料			一年内到期的长期负债		
流动资产合计			负债合计		
固定资产：			所有者权益：		
土地和建筑			股东资本		
机器与设备			利润留存		
在建工程			年度净利		
固定资产合计			所有者权益合计		
资产总计			负债和所有者权益总计		

注：库存折价拍卖，生产线变卖，紧急采购，订单违约记入损失；

　　每年经营结束请将财务报表交到老师处核对。

第六年现金预算表

时间（季）	1	2	3	4
期初库存现金				
支付上年应交税				
市场广告投入				
贴现费用				
利息（短期贷款）				
支付到期短期贷款				
原料采购支付现金				
转产费用				
生产线投资				
工人工资				
产品研发投资				
收到现金前的所有支出				
应收款到期				
支付管理费用				
利息（长期贷款）				
支付到期长期贷款				
设备维护费用				
租金				
购买新建筑				
市场开拓投资				
ISO 认证投资				
其他				
库存现金余额				

要点记录

第一季度：＿＿＿＿＿＿＿＿＿＿＿＿＿＿＿＿＿＿＿＿＿＿＿＿＿＿＿

第二季度：＿＿＿＿＿＿＿＿＿＿＿＿＿＿＿＿＿＿＿＿＿＿＿＿＿＿＿

第三季度：＿＿＿＿＿＿＿＿＿＿＿＿＿＿＿＿＿＿＿＿＿＿＿＿＿＿＿

第四季度：＿＿＿＿＿＿＿＿＿＿＿＿＿＿＿＿＿＿＿＿＿＿＿＿＿＿＿

第六年经营流程表

操作顺序	沙盘运营流程	电子沙盘操作流程	现金收支记录（涉及现金收入记为正数，支出记为负数，如没有涉及现金收支则打√表示已操作，打×表示未操作）			
年初	新年度规划会议					
	广告投放	输入广告费确认				
	参加订货会选单/登记订单	选单				
	支付应付税	系统自动				
	支付长期贷款利息	系统自动				
	更新长期贷款/归还长期贷款	系统自动				
	申请长期贷款	输入贷款额并确认				
1	季初盘点					
2	更新短期贷款/短期贷款还本付息	系统自动				
3	申请短期贷款	输入贷款额并确认				
4	原材料入库/更新原料订单	需要确认金额				
5	下原料订单	输入并确认				
6	购买/租用厂房	选择并确认，自动扣现金				
7	更新生产/完工入库	系统自动				
8	新建/在建/转产/租赁/变卖生产线	选择并确认				
9	紧急采购原料（随时）	随时进行输入并确认				
10	开始下一批生产	选择并确认				
11	更新应收款/应收款收现	需要输入到期金额				
12	紧急采购产成品（随时）	随时进行输入并确认				
13	按订单交货	选择交货订单确认				
14	产品研发投资	选择并确认				
15	厂房——出售（买转租）/退租/租转买	选择确认，自动转应收款				
16	新市场开拓/ISO 资格投资	仅第 4 季允许操作				
17	支付管理费	系统自动				
18	出售库存	输入并确认（随时进行）				
19	厂房贴现	随时进行				
20	应收款贴现	输入并确认（随时进行）				
21	季末盘点					
年末	缴纳违约订单罚款	系统自动				
	支付设备维护费	系统自动				
	计提折旧	系统自动				（　）
	新市场/ISO 资格换证	系统自动				
	结账	编制报表，手工摆盘				

订单登记表

订单号									合计
市场									
产品									
数量									
账期									
销售额									
成本									
毛利									
未售									

产品核算统计表

	P1	P2	P3	P4	合计
数量					
销售额					
成本					
毛利					

组间交易明细表

买入			卖出		
产品	数量	金额	产品	数量	金额

第六年财务报表

综合费用明细表

单位：百万

项　目	金　额	备　注
管理费		
广告费		
设备维护费		
损失		
厂房租金		
转产费		
市场准入开拓		□区域　　□国内　　□亚洲　　□国际
ISO 资格认证		□ ISO 9000　　□ ISO 14000
产品研发		P2（　　）　P3（　　）　P4（　　）
信息费		
其　他		
合　计		

利　润　表

项　　目	上　年　数	本　年　数
销售收入		
直接成本		
毛利		
综合费用		
折旧前利润		
折旧		
支付利息前利润		
财务收入/支出		
其他收入/支出		
税前利润		
所得税		
净利润		

资产负债表

资 产	期初数	期末数	负债和所有者权益	期初数	期末数
流动资产：			负债：		
现金			长期负债		
应收款			短期负债		
在制品			应付账款		
成品			应交税金		
原料			一年内到期的长期负债		
流动资产合计			负债合计		
固定资产：			所有者权益：		
土地和建筑			股东资本		
机器与设备			利润留存		
在建工程			年度净利		
固定资产合计			所有者权益合计		
资产总计			负债和所有者权益总计		

注：库存折价拍卖，生产线变卖，紧急采购，订单违约记入损失；

　　每年经营结束请将财务报表交到老师处核对。

广告费投放单　　　第　　　组

第 1 年本地 产品	广告	9K	14K
P1			
P2			
P3			
P4			

第 2 年本地 产品	广告	9K	14K
P1			
P2			
P3			
P4			

第 3 年本地 产品	广告	9K	14K
P1			
P2			
P3			
P4			

第 4 年本地 产品	广告	9K	14K
P1			
P2			
P3			
P4			

第 5 年本地 产品	广告	9K	14K
P1			
P2			
P3			
P4			

第 6 年本地 产品	广告	9K	14K
P1			
P2			
P3			
P4			

第 1 年区域 产品	广告	9K	14K
P1			
P2			
P3			
P4			

第 2 年区域 产品	广告	9K	14K
P1			
P2			
P3			
P4			

第 3 年区域 产品	广告	9K	14K
P1			
P2			
P3			
P4			

第 4 年区域 产品	广告	9K	14K
P1			
P2			
P3			
P4			

第 5 年区域 产品	广告	9K	14K
P1			
P2			
P3			
P4			

第 6 年区域 产品	广告	9K	14K
P1			
P2			
P3			
P4			

第 1 年国内 产品	广告	9K	14K
P1			
P2			
P3			
P4			

第 2 年国内 产品	广告	9K	14K
P1			
P2			
P3			
P4			

第 3 年国内 产品	广告	9K	14K
P1			
P2			
P3			
P4			

第 4 年国内 产品	广告	9K	14K
P1			
P2			
P3			
P4			

第 5 年国内 产品	广告	9K	14K
P1			
P2			
P3			
P4			

第 6 年国内 产品	广告.	9K	14K
P1			
P2			
P3			
P4			

第 1 年亚洲

产品	广告	
	9K	14K
P1		
P2		
P3		
P4		

第 2 年亚洲

产品	广告	
	9K	14K
P1		
P2		
P3		
P4		

第 3 年亚洲

产品	广告	
	9K	14K
P1		
P2		
P3		
P4		

第 4 年亚洲

产品	广告	
	9K	14K
P1		
P2		
P3		
P4		

第 5 年亚洲

产品	广告	
	9K	14K
P1		
P2		
P3		
P4		

第 6 年亚洲

产品	广告	
	9K	14K
P1		
P2		
P3		
P4		

第 1 年国际

产品	广告	
	9K	14K
P1		
P2		
P3		
P4		

第 2 年国际

产品	广告	
	9K	14K
P1		
P2		
P3		
P4		

第 3 年国际

产品	广告	
	9K	14K
P1		
P2		
P3		
P4		

第 4 年国际

产品	广告	
	9K	14K
P1		
P2		
P3		
P4		

第 5 年国际

产品	广告	
	9K	14K
P1		
P2		
P3		
P4		

第 6 年国际

产品	广告	
	9K	14K
P1		
P2		
P3		
P4		

生产计划及采购计划（示例）

生产线		第 1 年				第 2 年				第 3 年			
		一季度	二季度	三季度	四季度	一季度	二季度	三季度	四季度	一季度	二季度	三季度	四季度
1 手工	产品			P1			P1						P2
	材料		R1										
2 手工	产品		P1		P1								
	材料	R1			R1								
3 手工	产品	P1			P1								
	材料												
4 半自动	产品		P1		P1								
	材料	R1											
5	产品												
	材料												
……	产品												
	材料												
合计	产品	1P1	2P1	1P1	2P1								
	材料	2R1	1R1		1R1								

生产计划及采购计划编制（1～3 年）

生产线		第 1 年				第 2 年				第 3 年			
		一季度	二季度	三季度	四季度	一季度	二季度	三季度	四季度	一季度	二季度	三季度	四季度
1	产品												
	材料												
2	产品												
	材料												
3	产品												
	材料												
4	产品												
	材料												
5	产品												
	材料												
6	产品												
	材料												
7	产品												
	材料												
8	产品												
	材料												
合计	产品												
	材料												

生产计划及采购计划编制（4～6年）

生产线		第4年				第5年				第6年			
		一季度	二季度	三季度	四季度	一季度	二季度	三季度	四季度	一季度	二季度	三季度	四季度
1	产品												
	材料												
2	产品												
	材料												
3	产品												
	材料												
4	产品												
	材料												
5	产品												
	材料												
6	产品												
	材料												
7	产品												
	材料												
8	产品												
	材料												
合计	产品												
	材料												

开工计划

产品	第 1 年				第 2 年				第 3 年			
	一季度	二季度	三季度	四季度	一季度	二季度	三季度	四季度	一季度	二季度	三季度	四季度
P1												
P2												
P3												
P4												
人工付款												

产品	第 4 年				第 5 年				第 6 年			
	一季度	二季度	三季度	四季度	一季度	二季度	三季度	四季度	一季度	二季度	三季度	四季度
P1												
P2												
P3												
P4												
人工付款												

采购及材料付款计划

产品	第 1 年				第 2 年				第 3 年			
	一季度	二季度	三季度	四季度	一季度	二季度	三季度	四季度	一季度	二季度	三季度	四季度
R1												
R2												
R3												
R4												
材料付款												

产品	第 4 年				第 5 年				第 6 年			
	一季度	二季度	三季度	四季度	一季度	二季度	三季度	四季度	一季度	二季度	三季度	四季度
R1												
R2												
R3												
R4												
材料付款												

参考文献

1. 樊晓琪. ERP 沙盘实训教程及比赛全攻略［M］. 上海：立信会计出版社，2009.

2. 高市，王晓霜，宣胜瑾. ERP 沙盘实战教程［M］. 大连：东北财经大学出版社，2008.

3. 何晓岚. ERP 沙盘模拟实用教程（实物＋电子）［M］. 北京：北京航空航天大学出版社，2010.

4. 陈冰. ERP 沙盘实战［M］. 2 版. 北京：经济科学出版社，2008.

5. 刘平. 用友 ERP 企业经营沙盘模拟实训手册［M］. 2 版. 大连：东北财经大学出版社，2009.

6. 滕佳东. ERP 沙盘模拟实训教程［M］. 大连：东北财经大学出版社，2009.

7. 王新玲. ERP 沙盘模拟高级指导教程［M］. 2 版. 北京：清华大学出版社，2009.

8. 陈明，张健. ERP 沙盘模拟实训教程［M］. 北京：化学工业出版社，2009.

9. 李湘露，李宗民. ERP 沙盘模拟实战教程［M］. 北京：中国电力出版社，2009.

10. 夏远强，叶剑明. 企业管理 ERP 沙盘模拟教程［M］. 北京：电子工业出版社，2007.

11. 袁竹. 现代企业管理［M］. 北京：清华大学出版社，2009.

12. 丁宁. 企业战略管理［M］. 2 版. 北京：清华大学出版社，北京交通大学出版社，2009.

13. 路晓辉. 沙盘模拟原理及量化剖析［M］. 北京：化学工业出版社，2010.

14. 熊运儿. 财务管理［M］. 南昌：江西高校出版社，2008.

15. 张鑫. 市场营销学教程［M］. 北京：清华大学出版社，2008.

16. 雷银生. 企业战略管理教程［M］. 北京：清华大学出版社，2006.

17. 林祥友，曾廷敏. ERP 沙盘模拟中经营业务的拓展与运行规则的修订［J］. 中国管理信息化，2008（2）.

18. 林祥友，程夏，曾廷敏. ERP 沙盘模拟课程教学之完善［J］. 财会月刊（综合版），2008（4）.

19. 王晓霜，李昕. ERP 沙盘会计模拟实训教程［M］. 北京：经济科学出版社，2008.

20. 马法尧. ERP 沙盘模拟训练教程［M］. 成都：西南财经大学出版社，2009.

21. 迈克尔·波特. 竞争优势 [M]. 北京：华夏出版社，1997.

22. 科特勒. 市场营销 [M]. 北京：华夏出版社，2003.

23. 江景. 财务管理教程 [M]. 上海：立信会计出版社，2008.

24. 吴健. 生产运作管理 [M]. 广州：广东经济出版社，2007.

25. 宋克勤. 生产运作管理教程 [M]. 上海：上海财经大学出版社，2002.